Schneemilch und Pressknödel

Südtiroler Bäuerinnen und ihre Rezepte

/ *Frieder Blickle · Isolde von Mersi*

Schneemilch und Pressknödel

/ *Südtiroler Bäuerinnen und ihre Rezepte*

Folio Verlag Wien – Bozen

STIFTUNG
SÜDTIROLER SPARKASSE

Wir stiften Kultur

Dieser Band wurde herausgegeben mit freundlicher Unterstützung der Stiftung Südtiroler Sparkasse.

Sämtliche Informationen und Mengenangaben in diesem Buch wurden von allen Bäuerinnen gewissenhaft erarbeitet und mit größtmöglicher Sorgfalt überprüft. Trotzdem können inhaltliche Fehler oder Auslassungen nicht ausgeschlossen werden.
Kochen ist aber nun einmal keine exakte Wissenschaft, vertrauen Sie also auf Ihren persönlichen Geschmack, Ihre Fantasie und Ihre Vorlieben bei der Auswahl der Zutaten und der Mengen. Hinweise auf etwaige fehlerhafte Angaben sind im Verlag willkommen und werden bei späteren Auflagen gerne berücksichtigt.

1. Auflage 2011

Lektorat: Kathrin Kötz
Grafik und Umbruch: no.parking, Vicenza
Druckvorbereitung: Typoplus, Frangart
Printed in Italy
ISBN 978-3-85256-585-9

www.folioverlag.com

/ Inhalt

/ Vorwort

/ *Brennende Liab*

Gestatten, mein Name ist Herd. Nein, nicht Gerd, sondern Herd. Ich stamme aus dem alten Clan der Holzfeuerherde. Ich habe die moderne Konkurrenz direkt neben mir, einen Gasherd. Aber ich bin nicht eifersüchtig. Denn die wahrhaftig brennende Liebe meiner Bäuerin gilt mir. Die Geranien, die sie vor dem Küchenfenster hätschelt und „brennende Liab" nennt, die machen mich nicht neidisch. Die Bäuerin braucht mich am meisten, das ganze Jahr hindurch, von früh bis spät. Auf meinem breiten Rücken und in meinem heißen Inneren brutzet und brät es unentwegt in den Töpfen, Pfannen oder Bratgeschirren. Es gibt Sachen, die kann nur ich. Zum Beispiel eine gute Scharre für das Muas oder einen perfekten Plent machen.

Es ist nicht lange her, da waren ein Fotograf und eine Journalistin bei uns. Zuerst haben sie meiner Bäuerin Löcher in den Bauch gefragt, fotografiert und alles notiert, was sie zu sagen hatte über ihre gute Kost. Nach getaner Arbeit mussten ihr die Reporter vom Buch erzählen, das sie über Südtiroler Bäuerinnen machen.

Ich habe die Ohren gespitzt, als von acht anderen Bäuerinnen und Höfen die Rede war, die das Team schon besucht hatte. War beglückt zu hören, dass es keinen Hof ohne Holzfeuerherd gibt. Dachte mir: Was wären wir Herde ohne die Bäuerinnen?

Schon unsere Ahnen, die versunkenen Geschlechter der Lager-, Mulden- oder Kesselfeuer wurden von den Frauen geschürt.

Ich und meinesgleichen brauchen mehr Zuwendung als Cerankochfelder. Unsere Feuer müssen persönlich gehütet und genährt werden. Die modernen Bäuerinnen machen das so fleißig wie ihre Altvorderen. Obwohl sie den Holzfeuerherd oft erst durch die Heirat mit einem Bauern kennengelernt haben. Obwohl sie nicht nur Bäuerinnen, sondern gleichzeitig auch noch Mütter, Restauratorinnen, Skilehrerinnen oder Wirtinnen sind.

Ich verstehe nichts von modernen Berufen. Ich weiß nur: Aus den Töpfen steigen oft ganz neue und oft uralte Düfte auf. Düfte, die ich fast vergessen hatte, weil frühere Bäuerinnen unsere gute Bauernkost nicht mehr gekocht haben. Und Düfte nach Gewürzen, Kräutern oder Gemüse, die mir fremd sind. Die Reporter haben das Grünzeug „mediterran" genannt, aber auch „wild". Wie auch immer. Ich bin ein glücklicher Herd. Was für ein abwechslungsreiches Leben meine Bäuerin in unsere Küche bringt! Grandios.

Mit dieser heißen Story danken Isolde von Mersi und Frieder Blickle wärmstens „ihren" neun Bäuerinnen für ihr außergewöhnliches Engagement, für sehr viel Geduld, Offenheit, Sympathie und Zeit. Den Lesern wünschen sie damit einen vergnüglichen Einstieg ins kulinarische Landleben Südtirols mit seiner beruhigenden Beständigkeit und seiner anregenden Offenheit für den Wandel.

Englhorn / *Sonja Sagmeister*

Alles Käse und Korn

Die Käserei vom Englhorn in Schleis inspiriert die Vollwertköchin Sonja Sagmeister zu manchen alten und vielen neuen Speisen

Aufgewachsen ist Sonja Sagmeister in einem Hotel im Vinschgau. Ernährung hat sie nach der Matura fasziniert; sie machte in Deutschland eine Ausbildung zur Gesundheitsberaterin und arbeitete in einem Biohotel. Seither ist die Bäuerin vom Englhorn in Schleis bei Mals von der Vollwertküche überzeugt. Sie mahlt das Getreide frisch, sie kocht Vollwertmenüs im Hotel ihres Bruders, sie gibt ihr Wissen in Kursen weiter, denkt sich immer neue Rezepte mit den Käsesorten „Arunda", „Tella" und „Rims" aus, die im Käsekeller des Hofes reifen. Auch das Vollkornbrot zum Käse macht sie selbst, für Gäste und Kunden, für die vierköpfige Familie und die Altbauern vom Englhorn. Die Gemüselieferantin der Familie ist Frau Agethle, die Schwiegermutter. In ihrem Bauerngarten wachsen Karotten, Rohnen, Sellerie oder Schwarzer Rettich. Das Wurzelgemüse wird den Winter über – wie in alten Zeiten – ungefähr einen halben Meter unter der Erde frisch gehalten und gelagert. Nur das Hilfsmittel zum Schutz vor gefräßigen Wühlmäusen ist modern: Eine ausrangierte Waschmaschinentrommel dient als Behälter für Wurzeln und Knollen und verhindert die Vernichtung der kostbaren Vorräte.

Sonjas Mann, Alexander Agethle, hat den knapp über 1000 Meter hoch gelegenen Hof 2005 von den Eltern übernommen und sich aufs Käsemachen spezialisiert. Außerdem engagiert er sich dafür, dass die Obstmonokultur mit ihren negativen Begleiterscheinungen vom Unteren Vinschgau nicht auch noch auf den oberen Talabschnitt übergreift. „Wenn gespritzt wird, bekommen die Wiesen für unsere Rinder schädliche Substanzen ab. Die Nahrungskette wird kontaminiert, Milch, Butter und Käse von unserem Hof und von den anderen Viehbauern im Obervinschgau würden deutlich an Qualität einbüßen", fürchtet der Biobauer. Gemeinsam mit Sonja arbeitet er für die Natur, nicht gegen sie. Das Paar ist sich darin einig, dass Ideologie mehr schadet als nützt. „Überzeugung ja – aber nicht gegen andere!" ist die Devise. So ist Sonjas vollwertige Küchenphilosophie durchaus offen für Inspiration von außen, für die guten Pizzoccheri-Nudeln der italienischen Nachbarin aus dem Veltlin oder für Traditionelles, zum Beispiel die uralte Vinschger Palabirne oder die „Schneemilch", eine Süßspeise, mit der das Ritual des „Scheibenschlagens" zu Frühlingsbeginn im Vinschgau kulinarisch gefeiert wird. Als „Hotelkind, das alles schnell und praktisch haben will", bedauert die spät berufene Bäuerin nur, „dass ich damals beim Einrichten unserer Küche nicht auf meinen Mann gehört habe und keinen großen, sondern nur einen sehr kleinen Feuerherd einbauen ließ."

Staudensellerie-Apfel-Salat mit Hartkäse

Für 4 Personen

ZUTATEN

200 g Staudensellerie
1 Apfel
50 g würziger Hartkäse (z. B. Rims), in Würfel geschnitten
Meersalz
½ Zitrone, Saft
Olivenöl

Zubereitung: Staudensellerie waschen, die Wurzelenden abschneiden und sehr kräftige Stängel eventuell schälen. In feine Scheiben schneiden. Apfel achteln, Kernhaus entfernen und ebenfalls in feine Scheiben schneiden. Zusammen mit Käse zum Staudensellerie geben. Mit Salz, Zitronensaft und Olivenöl marinieren.

Fertigstellung: Auf Tellern anrichten und servieren.

Rohnen-Karotten-Salat

Für 4 Personen

ZUTATEN

1 kleine Rohne
1 Karotte
1 Apfel
50 g Sonnenblumenkerne, geröstet
Obstessig
Olivenöl
Kräutersalz

Zubereitung: Rohne, Karotte und Apfel fein raspeln, mit den gerösteten Sonnenblumenkernen vermengen. Mit Obstessig, Olivenöl und Kräutersalz abschmecken.

Fertigstellung: Auf Tellern anrichten und servieren.

Tipp

Kräutersalz können Sie leicht selbst machen. Ernten Sie dafür an einem sonnigen Tag verschiedene Kräuter, z. B. Basilikum, Majoran, Salbei, Rosmarin, Bohnenkraut, Thymian, Petersilie, Estragon, Liebstöckel, Selleriekraut, Schnittlauch und Ysop. Trocknen Sie die Kräuter entweder im Freien, in einem Dörrapparat oder im Backrohr bei 50 °C. Entfernen Sie die groben Stängel und mahlen Sie die Kräuter sehr fein. Dann vermischen Sie 2 Esslöffel davon mit 250 g Meersalz.

Konservatives Lager

In den Gemüsebeeten der Bauerngärten wächst traditionell Robustes: Kraut und Rüben, Karotten oder Rohnen. Das Kraut wird geschnitten und im Holzfass gesäuert, um den Winter über haltbar zu sein. Doch auch für das Wurzelgemüse haben sich die Bäuerinnen kühltruhenloser Zeiten spezielle Frischhaltemethoden einfallen lassen. Im Passeiertal erzählt eine ältere Bäuerin, dass die Karotten früher den Winter bestens überstanden, indem man sie zwischen frische Mooskissen aus dem Wald in Kistchen schichtete und in den kühlen Keller stellte. Im Vinschgau war es üblich, Wurzelgemüse in Erdlöchern zu lagern. Allerdings wurden die unterirdischen Gemüsevorräte oftmals leichte Beute hungriger Nagetiere.

Dinkelvollkornnudeln mit Gemüse und Käsesoße

Für 6 Personen

NUDELTEIG

200 g Dinkelvollkornmehl
200 g Hartweizengrieß
4 Eier
etwas Wasser

GEMÜSE

400 g Gemüse (z. B. Karotten, Kürbis, Zucchini, Brokkoli)
Meersalz

KÄSESOSSE

250 ml Milch
1 EL Butter
1 EL Vollkornreismehl
Meersalz
1 Msp. Muskat
80 g würziger Käse (z. B. Rims), in kleine Würfel geschnitten

ZUM ANRICHTEN

6 EL würziger Käse (z. B. Rims oder Parmesan), gerieben
1 Bund Schnittlauch, fein geschnitten

Dinkelvollkornnudeln: Die beiden Mehlsorten in einer Schüssel miteinander vermischen, Eier dazugeben und alles auf einer Arbeitsplatte gut verkneten. Wenn der Teig zu fest wird, etwas Wasser dazugeben. Teig 30 Minuten ruhen lassen. Nudelteig mit der Nudelmaschine dünn ausrollen und in die gewünschte Form schneiden. In Salzwasser bissfest kochen.

Gemüse: Gemüse putzen und in kleine Würfel schneiden. In Salzwasser bissfest kochen und abseihen.

Käsesoße: Milch aufkochen lassen. Butter in einem Topf schmelzen, Vollkornreismehl dazugeben. Milch langsam und unter ständigem Rühren dazugießen. Mit Salz und Muskat würzen. Käse zufügen.

Fertigstellung: Nudeln und Gemüse zur Soße geben, alles gut durchschwenken. Auf Tellern anrichten und mit Käse und Schnittlauch bestreuen.

Kasknödel mit Rucola und Kirschtomaten

Für 4 Personen

ZUTATEN

- 250 g Knödelbrot
- 50 g Zwiebeln, in feine Würfel geschnitten
- ½ Knoblauchzehe, fein geschnitten
- 50 g Butter
- 200 g würziger Käse (z. B. Tella oder Rims), in Würfel geschnitten
- 2 EL Petersilie, fein gehackt
- 1 TL Selleriekraut, fein gehackt
- ½ TL Liebstöckel, fein gehackt
- 1 kleine Zucchini, fein geraspelt
- 2 Eier
- ⅛ l Milch
- Salz
- Pfeffer aus der Mühle
- Muskat

ZUM ANRICHTEN

- 50 g würziger Käse (z. B. Rims oder Parmesan), gerieben
- 1 EL Schnittlauch, fein geschnitten
- 40 g Butter, zerlassen
- 1 Bund Rucola
- 200 g Kirschtomaten

Zubereitung: Knödelbrot in eine Schüssel geben. Zwiebeln und Knoblauch in Butter anschwitzen und zusammen mit Käse, Petersilie, Selleriekraut, Liebstöckel, Zucchini und Eiern zum Brot geben. Alles gut vermengen. Ist die Masse zu trocken, nach und nach Milch hinzufügen, bis eine geschmeidige Masse entsteht. Mit Salz, Pfeffer und Muskat würzen. Die Masse 30 Minuten ziehen lassen. Anschließend Knödel formen und in einem Topf mit Dampfeinsatz oder im Dampfgarer ungefähr 15 Minuten dämpfen.

Fertigstellung: Knödel auf Tellern anrichten, mit geriebenem Käse und Schnittlauch bestreuen und mit zerlassener Butter beträufeln. Mit Rucola und Kirschtomaten garnieren.

Tipps

Statt des Käses aus der Hofkäserei können Sie auch jeden anderen würzigen Schnittkäse verwenden.

Um zu überprüfen, ob die Knödelmasse die richtige Konsistenz hat, machen Sie am besten einen sogenannten Probeknödel. Sollte der Teig zu weich sein, können Sie noch etwas Mehl unterkneten. Im Vinschgau werden die Knödel traditionell ohne Mehl gemacht, das Garen im Dampfgarer oder in einem Topf mit Dämpfeinsatz ist für diese Knödel die beste Zubereitungsmethode.

Käsetörtchen mit Mangold

Für 4 Personen

KÄSETÖRTCHEN
200 g Kartoffeln, gekocht
3 Eier
250 g Sahne
80 g Käse (z. B. Arunda), in Würfel geschnitten
Salz

MANGOLD
20 g Butter
½ Zwiebel, in feine Würfel geschnitten
1 Knoblauchzehe, fein geschnitten
250 g Mangold, blanchiert, ausgedrückt und fein gehackt
1 Msp. Muskat

ZUM ANRICHTEN
4 EL Butter, zerlassen

Käsetörtchen: Die gekochten Kartoffeln durch die Kartoffelpresse drücken und mit Eiern, Sahne und Käse vermischen. Mit Salz würzen. Vier feuerfeste Förmchen ausbuttern und die Masse hineingießen. Förmchen auf ein Backblech stellen. So viel heißes Wasser auf das Blech gießen, dass die Förmchen etwa 1 cm tief im Wasser stehen. Im vorgeheizten Backrohr bei 160 °C ungefähr 20 Minuten backen.
Mangold: Butter in einem Topf zerlassen, Zwiebelwürfel und Knoblauch darin anschwitzen. Mangold dazugeben, mit Muskat würzen und erhitzen.
Fertigstellung: Käsetörtchen auf Teller stürzen, mit etwas zerlassener Butter und Mangold servieren.

Rohnenlaibchen mit Krensoße und Wirsinggemüse

Für 4 Personen

ROHNENLAIBCHEN

- 250 g Kartoffeln, gekocht
- 250 g Rohnen, gekocht
- 2 Eier
- 40 g Weizenvollkornmehl
- Salz
- Pfeffer aus der Mühle
- Muskat
- 2 EL Olivenöl

KRENSOSSE

- 100 ml Sahne
- 1 TL Vollkornreismehl
- 1 EL frischer Kren, gerieben
- Salz

WIRSINGGEMÜSE

- 1 kleiner Wirsing
- 100 g Hartkäse (z. B. Rims oder Parmesan), gehobelt
- 50 g Butter

Rohnenlaibchen: Kartoffeln und Rohnen grob reiben. Mit Eiern und Mehl vermischen. Salzen, pfeffern und mit Muskat würzen. Aus dem Teig Laibchen formen und in Olivenöl goldgelb braten.

Krensoße: Sahne aufkochen, Reismehl einrühren, bis die Sahne gebunden ist. Vom Herd ziehen und mit Kren verfeinern. Mit Salz abschmecken.

Wirsinggemüse: Wirsing achteln, den Strunk in der Mitte vorsichtig herausschneiden. Dabei darauf achten, dass die Achtel nicht auseinanderfallen. Kurz in Salzwasser blanchieren. Wirsing in eine gefettete Auflaufform schichten und mit Käse bestreuen, Butterflöckchen darauf verteilen. Im vorgeheizten Backrohr bei 180 °C überbacken, bis der Käse geschmolzen ist.

Fertigstellung: Rohnenlaibchen und Wirsing auf Tellern anrichten und mit Soße übergießen.

Pizzoccheri mit Spinat

Für 4 Personen

PIZZOCCHERI

160 g Schwarzplent-Mehl
160 g Hartweizenmehl
180 ml Wasser

WEITERES

160 g Kartoffeln
125 g Spinat
160 g würziger Käse (z. B. Tella oder Fontina), in kleine Würfel geschnitten
100 g Hartkäse (z. B. Rims oder Parmesan), gerieben
1 Knoblauchzehe, fein geschnitten
20 Salbeiblätter, fein gehackt
125 g Butter

Pizzoccheri: Schwarzplent-Mehl und Hartweizengrieß mit Wasser mischen, bis ein eher fester Teig entsteht. 30 Minuten zugedeckt ruhen lassen. Teig mit einem Nudelholz auf einer bemehlten Fläche dünn auswalzen. Die Teigplatte der Länge nach in ungefähr 8 cm breite Streifen schneiden. Von diesen Streifen 1 cm breite Pizzoccheri abschneiden. Auf einem bemehlten Blech auslegen.

Fertigstellung: Kartoffeln schälen und in kleine Stücke schneiden, in Salzwasser bissfest garen. Spinat und Nudeln 2–3 Minuten vor Ende der Garzeit dazugeben, abseihen. Nudeln, Kartoffeln und Spinat so in eine Auflaufform schichten, dass drei Schichten entstehen. Jede Schicht mit Käsewürfeln und geriebenem Käse bestreuen. Knoblauch und Salbei in Butter erhitzen und vor dem Servieren über die Pizzoccheri gießen.

Tipps

Nudelteig aus Vollkornmehl wird grundsätzlich nicht gesalzen, da der Teig sonst dunkel wird und eine Kruste bekommt.
Statt des Spinats können Sie auch Mangold, grüne Bohnen oder Wirsing verwenden.

Palabirnenschmarren

Für 4 Personen

ZUTATEN

500 ml Milch
1 Msp. Vanilleschote, gemahlen (aus dem Bioladen)
3 EL Akazienhonig
1 Prise Salz
300 g Weizenvollkornmehl
4 Eier
250 g Palabirnen
Butter
Staubzucker

Zubereitung: Milch mit Vanille, Honig, Salz und Mehl verrühren und 15 Minuten quellen lassen. Dann die Eier unterrühren. Palabirnen in sehr dünne Scheiben schneiden. In einer flachen Pfanne etwas Butter erhitzen. Teig portionsweise hineingießen. Birnenscheiben auf dem Teig verteilen und so lange backen, bis die Unterseite hellbraun ist. Wenden und mit zwei Kochlöffeln in Stücke reißen, noch einmal durchschwenken.
Fertigstellung: Auf Tellern anrichten und mit Staubzucker bestreut servieren.

Tipp

Als Alternative zu den seltenen Palabirnen aus dem Vinschgau können Sie auch eine „Gute Luise“ oder Äpfel verwenden.

Schneemilch

Für 4 Personen

ZUTATEN

200 g Vollkornbrot, in Würfel geschnitten
3 EL Walnüsse, gehackt
3 EL Sultaninen
100 ml Milch
1 EL Rum
500 ml Sahne
2 EL Akazienhonig
1 Msp. Vanilleschote, gemahlen (aus dem Bioladen)
3 EL Bitterschokolade, gerieben

Zubereitung: Brot mit Nüssen, Sultaninen, Milch und Rum mischen und in eine flache Schüssel geben. Sahne mit Honig und Vanille steif schlagen und gleichmäßig auf dem Brot verteilen. Mit geriebener Bitterschokolade bestreuen und 1 Stunde im Kühlschrank ziehen lassen.
Fertigstellung: In der Schüssel servieren.

Das Mahl zum Ritual

Scheibenschlagen: Buben und Männer spießen am ersten Fastensamstag oder -sonntag ab der Abenddämmerung Birken- oder Zirbenholzscheiben auf Haselstecken, bringen sie im Feuer zum Glühen und schleudern sie vom Berghang zu Tal, sodass sie am Nachthimmel wie Feuerwerk auf- und verglühen. Nach dem mehr als 1000 Jahre alten Feuerbrauch kommt in den Vinschgauer Höfen die „Schneemilch" auf den Tisch, eine Süßspeise, die es einzig zu diesem Anlass gibt. Rituelle Gerichte gibt es auch anderswo: Zu Ostern bekommen die Kinder von ihren Paten süße Hefeteighasen oder -hennen, in den meisten Dörfern gibt es Kirchtagskrapfen oder Weihnachtszelten, mancherorts gebackene „Tschotteplattln" zum Almabtrieb oder am Heiligabend im Pustertal die „Stocktirtlan" mit zerlassener Butter und Mohn.

Almjoghurt mit Erdbeersoße

Für 6 Personen

ZUTATEN

1 l frische Vollmilch
1 EL Naturjoghurt
250 g Erdbeeren, gewaschen und geputzt
3 EL Akazienhonig
½ Zitrone, Saft

Zubereitung: Milch kurz aufkochen und sofort auf Eiswasser bis auf ungefähr 40 °C herunterkühlen. Den Naturjoghurt unter die Milch rühren und alles ungefähr 6 Stunden an einem warmen Ort stehen lassen. Wenn die Masse fest geworden ist, mit einem Schneebesen cremig rühren und in Schälchen füllen. Bis zum Servieren kalt stellen.
Für die Soße Erdbeeren mit Honig und Zitronensaft im Mixer pürieren. Über den Joghurt gießen und servieren.

Tipp

Am besten eignen sich zur Joghurtherstellung ein „Brutschrank" oder ein Joghurtbereiter. Sie können aber auch den Topf oder das gut verschlossene Gefäß in eine Wolldecke wickeln und an einem warmen Ort (z. B. neben dem Ofen) stehen lassen.

Marillenkuchen

Für 12 Stück

ZUTATEN

130 g Dinkelvollkornmehl
125 g Butter
½ Pkg. Backpulver
80 g Akazienhonig
3 Eier
1 Msp. Vanilleschote, gemahlen (aus dem Bioladen)
150 ml Sahne
2 EL Rum
1 EL Akazienhonig
700 g Marillen, entsteint und halbiert

Zubereitung: Dinkelvollkornmehl, Butter, Backpulver, Honig, 2 Eier und Vanille zu einem Teig verkneten und 30 Minuten kalt stellen. Eine runde Backform (28 cm Ø) einfetten, Teig ausrollen und die Form damit auslegen. Der Teig sollte bis zum Rand der Form reichen. Sahne, Rum, 1 Ei und Honig im Mixer aufmixen. Marillen mit der Hautseite nach unten auf dem Teig verteilen und Sahnemischung darübergießen. Im vorgeheizten Backrohr bei 165 °C ungefähr 50 Minuten backen.

Dinkelroulade mit Orangenfüllung

Für 15 Stück

BISKUITTEIG

4 Eiweiß
2 EL kaltes Wasser
125 g Akazienhonig
4 Eigelb
125 g Dinkelvollkornmehl, frisch gemahlen
1 Msp. Vanilleschote, gemahlen (aus dem Bioladen)
1 Msp. Backpulver
1 EL Nüsse, fein gemahlen

FÜLLUNG

250 ml Sahne
60 g Akazienhonig
1 unbehandelte Orange, Schale abgerieben
½ Orange, Saft

Zubereitung: Eiweiß zusammen mit kaltem Wasser sehr steif schlagen. Honig und Eigelb unterziehen. Dinkelmehl mit Vanille und Backpulver mischen und vorsichtig unter die Eiermasse heben. Backblech mit Backpapier auslegen und die Masse gleichmäßig darauf verteilen. Im vorgeheizten Backrohr bei 220 °C auf der mittleren Schiene ungefähr 15 Minuten backen. Anschließend sofort auf ein mit Nüssen bestreutes Küchentuch stürzen und das Backpapier abziehen. Die Teigplatte mithilfe des Küchentuchs aufrollen und erkalten lassen. In der Zwischenzeit Sahne mit Honig steif schlagen, Orangenschale und Orangensaft vorsichtig unterziehen. Die Roulade auseinanderrollen und gleichmäßig mit Sahne bestreichen. Anschließend wieder zusammenrollen und kühl stellen.

Dinkelbrötchen

Für 40 Brötchen

ZUTATEN

900 ml kaltes Wasser
100 g Germ
1½ TL Honig
1½ EL Meersalz
1½ EL Butter
1000 g Dinkelvollkornmehl, fein gemahlen
500 g Kamutmehl

Zubereitung: In einer Schüssel Wasser mit Germ, Honig, Salz und Butter verrühren. Nach und nach Dinkelvollkorn- und Kamutmehl zufügen. Alles kräftig miteinander verkneten, bis der Teig geschmeidig ist. Aus dem Teig Brötchen formen, auf ein mit Mehl bestäubtes Backblech legen und 10–12 Minuten gehen lassen. Brötchen in das auf 250 °C vorgeheizte Backrohr schieben und je nach Größe 15–20 Minuten goldbraun backen.

Tipps

Die Hartweizensorte Kamut ist im Bioladen erhältlich. Sollten Sie kein Kamutmehl bekommen, dann können Sie es durch Dinkelvollkornmehl ersetzen.
Der Teig wird kalt gerührt, d. h., es wird kein Dampfl angesetzt. So wird das Brot besonders locker und bekommt eine schöne Krume. Achten Sie aber auf die Einhaltung der im Rezept angegebenen Gehzeit, denn wenn diese zu kurz ist, springen die Brötchen auf, ist sie zu lang, fließen sie auseinander! Damit das Brot besonders knusprig wird, stellen Sie beim Backen ein feuerfestes Gefäß mit kaltem Wasser auf den Boden.
Dieser Brotteig ist vielseitig verwendbar, z. B. als Pizzateig oder man kann ihn mit getrockneten Tomaten, Oliven, Sauerkraut, Schafskäse oder in Butter gebratenen Zwiebeln füllen.

Vollkornvinschgerlen

Für 30 Stück

ZUTATEN

700 g Weizen- oder Dinkelvollkornmehl
300 g Roggenmehl
2 TL Anis, gemahlen
2 TL Fenchel, gemahlen
2 TL Kümmel, gemahlen
½ EL Zigainerkraut (Brotklee), gemahlen (aus dem Bioladen)
25 g Germ
1 gestrichener EL Salz
850–900 ml lauwarmes Wasser

Zubereitung: Beide Mehlsorten und die gemahlenen Gewürze miteinander vermischen. Germ, Salz und Wasser dazugeben und mit den Händen (Handballen) zu einem Teig verkneten. Den Teig 1–2 Stunden gehen lassen. Einen Löffel in kaltes Wasser tauchen und mit seiner Hilfe aus dem Teig Brötchen formen. Brötchen in Roggenmehl wälzen und auf ein mit Mehl bestäubtes Backblech legen. Im vorgeheizten Backofen bei 250 °C ungefähr 15 Minuten backen.

Tipps

Wenn der Teig beim Kneten an den Händen klebt, einfach Hände in kaltes Wasser tauchen, dann löst sich der Teig besser ab.
Die Hofkäserei Englhorn serviert die Vollkornvinschgerlen zu einer Käseplatte mit hofeigenen Käsesorten, z. B. Arunda (Weichkäse), Tella (Schnittkäse) und Rims (Hartkäse).

Zwiebel-Apfel-Butter

Für 4 Personen

ZUTATEN

2 mittelgroße Zwiebeln
250 g Butter
1 Apfel, gerieben
Meersalz
Pfeffer aus der Mühle

Zubereitung: Zwiebeln in sehr kleine Würfel schneiden und in etwas Butter anschwitzen, erkalten lassen. Restliche Butter schaumig aufschlagen. Die erkalteten Zwiebeln und den geriebenen Apfel unterrühren. Mit Meersalz und Pfeffer abschmecken.

Tipps

Zwiebel-Apfel-Butter passt gut zu Dinkelbrötchen und Vollkornvinschgerlen.
Der Aufstrich hält sich ungefähr 1 Woche im Kühlschrank.

Marillenfruchtsaft

Für 2 Flaschen

ZUTATEN

1 kg reife Marillen
300 g Zucker
Wasser nach Bedarf

Zubereitung: Marillen waschen, entsteinen, grob zerkleinern und in einem Kochtopf langsam erwärmen. Auf kleiner Flamme köcheln lassen, bis eine breiige Masse entstanden ist. Mit Zucker mischen und nochmals aufkochen lassen. Mit dem Pürierstab aufmixen und je nach gewünschter Konsistenz Wasser hinzufügen, erneut aufkochen lassen. Den noch heißen Fruchtsaft in sterile Flaschen füllen und gut verschließen.

Tipp

Sie können die Zuckermenge je nach Geschmack bzw. entsprechend dem Reifegrad der Früchte auch reduzieren.

Marillensirup

Für 2 Flaschen

ZUTATEN

1 l Marillensaft
400 g Zucker

Zubereitung: Marillensaft mit Zucker aufkochen. Den noch heißen Sirup in sterile Flaschen füllen und gut verschließen.

Tipp

Zum Entsaften verwenden Sie am besten einen Entsafter. Die Früchte sollten sehr reif sein.

Marillenmarmelade

Für 6 Gläser (à 250 g)

ZUTATEN

1 kg reife Marillen
400 g Zucker

Zubereitung: Früchte waschen, entsteinen, grob zerkleinern und im Kochtopf langsam erwärmen. Auf kleiner Flamme so lange köcheln lassen, bis eine breiige Masse entstanden ist. Zucker zugeben und alles noch einmal aufkochen lassen. Die Marmelade sehr heiß in sterile Gläser füllen und gut verschließen.

Tipp

Wenn Ihnen die Konsistenz der Marmelade nicht fein genug sein sollte, dann können Sie sie vor dem Abfüllen in die Gläser noch pürieren.

Marillenpüree

Für 6 Gläser (à 250 g)

ZUTATEN

1 kg reife Marillen

Zubereitung: Früchte waschen, entsteinen, grob zerkleinern und im Kochtopf langsam erwärmen. Auf kleiner Flamme so lange köcheln lassen, bis eine breiige Masse entstanden ist. Kochend heiß in sterile Gläser füllen und gut verschließen. Langsam abkühlen lassen.

Tipps

Zum langsamen Abkühlen die Gläser am besten in Decken wickeln oder mit einem Federbett zudecken.

Kühl und trocken gelagert, ist das ungesüßte Marillenpüree etwa ein Jahr haltbar. Sie können es auch einfrieren.

Vor dem Genuss kann man etwas Honig unterrühren, am besten eignet sich Akazienhonig, da er einen neutralen Geschmack hat.

Verwenden Sie nur kleine Gläser, da ein geöffnetes Glas im Kühlschrank nur 3–5 Tage haltbar ist.

Besondere Früchtchen

Rosenfrucht – ein poetischer Name. Die Marille trägt ihn zu Recht, wegen ihrer Schönheit und ihres besonders feinen Geschmacks und ihrer fernen Herkunft. Ihre Heimat ist China, wo sie schon vor 4000 Jahren kultiviert wurde. Alexander der Große hat die Marillen nach Griechenland und Italien gebracht, die Römer verbreiteten sie in Europa. Obwohl eine Südfrucht, gedeiht die Marille im alpinen Vinschgau besonders gut. Sie liebt das Klima dort: viel Wärme und Sonne, wenig Regen, reichlich Wind und lockere, nicht zu fette Böden. Gut 300 Tonnen Marillen ernten die Vinschgauer Obstbauern vornehmlich in der Gegend von Laas jedes Jahr zwischen Juli und August. Die Bäuerinnen machen das Beste daraus: Säfte und Marmeladen, Kuchen und süße Knödel. Aber auch pur hat es die Marille in sich: Betacarotin, Vitamin C, Kalzium, Niacin, Folsäure, Kupfer und Eisen geben Körper- und Nervenkraft.

Niederstein / *Anna Moosmair*

Neue Würze für alte Gerichte

Auf dem Niedersteinhof in St. Leonhard in Passeier macht die Altbäuerin Anna Moosmair Bewährtes mit Besonderheiten

Vom Küchenfenster aus kann Anna Moosmair ihren Heimatweiler Platt sehen, der ebenso zur Gemeinde St. Leonhard in Passeier gehört wie die 900 Meter hoch gelegene Höfesiedlung Schlattach, in die sie eingeheiratet hat. Sie schaut gern hinüber zum Kindheitsort, wenn sie an ihrem Holzfeuerherd steht. Die Altbäuerin vom Niedersteinhof kocht mit so großer Leidenschaft, dass sie sich sogar einen Konditorbackofen zugelegt hat, um für den weihnachtlichen Bauernmarkt in St. Leonhard möglichst professionelle Bauernzelten zu machen, das traditionelle Südtiroler Weihnachtsfrüchtebrot. Anna ist fest verwurzelt in der bäuerlichen Kochtradition. Sie macht „Brotkiechl", „Strauben" und „Ochsenaugen" – Raritäten, die es nur noch selten in Südtirol gibt. Sie ist aber auch sehr experimentierfreudig. „Ich gehe in die Bergwiesen, hole Brennnesseln oder Löwenzahn – und dann fällt mir ein, das könnte ich jetzt einfach in den Erdäpfelblattlteig hineinmischen", erzählt sie.

Als Anna vor mehr als 30 Jahren anfing drei Zimmer zu vermieten, waren die Nachbarn schwer dagegen. Aber die Gäste kamen – obwohl es damals nur einen Schotterweg zum Hof gab – und sie blieben. „Ich habe sehr viele Stammgäste", freut sich die Gastgeberin.

Seit ihr Sohn Walther den Erbhof übernommen hat, ist vieles neu auf Niederstein, dem 1357 erstmals urkundlich erwähnten Gehöft, das seit mehr als 200 Jahren im Besitz der Familie Moosmair ist. Walther ist Biobauer und wurde zum innovativsten Jungbauern Italiens gekürt sowie in Südtirol für die zweitschönste Blumenwiese im Land prämiert. Er hat hoch über dem Hof zehn Hektar Bergwiesen, auf denen bis zu 130 Bergkräuter und -blumen ungedüngt gedeihen. Daraus macht er zertifiziertes Bergwiesenheu, das er verkauft: für Heuanwendungen an führende Südtiroler Wellnesshotels, lose als Tierfutter, verpackt als Heukissen und -matten.

Seine innovative Mutter hat aus dem Bergblütenheu eine Cremesuppe gekocht. Eine Zeit lang gab es die Mischung dafür nebst Rezept zu kaufen. Das ist vorbei. Denn nach den Lebensmittelgesetzen der EU müsste Walther alle 130 Kräuter und Blüten aus den über 1700 Meter hoch gelegenen Almwiesen austesten lassen, um amtlich sicher zu stellen, dass keine giftigen Substanzen darunter sind. Solche Tests kosten Geld, das Bergbauern wie Walther nicht haben. Schweren Herzens haben er und seine Mutter daher darauf verzichtet, die Suppenmischung zu verkaufen und die Suppe bei den Hofbesichtigungen und bei der Hofwanderung auf die Alm anzubieten. „Vielleicht besinnen sich die Bürokraten ja eines Tages", hofft Walther. Seine Mutter Anna bleibt gelassen. Gerstsuppe, Speckknödel, Schweinsbraten und Gebackenes hat noch kein Hofbesucher verachtet.

Gerstsuppe

Für 6 Personen

ZUTATEN

2 mittelgroße Kartoffeln
2 Karotten
200 Gerste
800 g geräucherte Schweinsrippe
1 Knoblauchzehe
2 l Gemüsebrühe
Salz
Pfeffer aus der Mühle

Zubereitung: Kartoffeln und Karotten waschen, schälen und in kleine Würfel schneiden. Zusammen mit Gerste, Schweinsrippe und Knoblauch in Gemüsebrühe 40 Minuten kochen lassen. Schweinsrippe herausnehmen, Fleisch vom Knochen lösen und in kleine Würfel schneiden. Wieder in die Suppe geben. Mit Salz und Pfeffer würzen.

Im Bauernhimmel

Rußgeschwärzte Gewölbe voller Speckseiten und Würste: Die alten Selchkuchln der Höfe sind die letzten Speckparadiese Südtirols. Nach streng geheimen Rezepturen würzen dort die Bauern Schweinebauch, Rippen und Schinkenstücke mit Berg-, Meer- und Pökelsalz, mit Kräutern, Neugewürz und Wacholderbeeren. Dann pökeln sie die Hammen trocken und hängen sie anschließend in den kalten Rauch von Buchenholzsägespänen. Kontrollierte Frischluftzufuhr sorgt dafür, dass der Speck langsam trocknet. Reif ist er nach einem Gewichtsverlust von fast vierzig Prozent. Nach einer alten Bauernregel müssen Herbst und Winter verstreichen, bis der Speck im Frühling fertig ist. Was so lange währt, wird „specktakulär“ gut.

Speckknödel

Für 6 Personen

ZUTATEN

500 g Knödelbrot
150 g Speck
1 Zwiebel, in feine Würfel geschnitten
1 Bund Petersilie, fein gehackt
1 EL Butter
3 Eier
⅛ l Milch
4 EL Mehl
Salz

Zubereitung: Knödelbrot in eine Schüssel geben. Speck in sehr kleine Würfel schneiden. Mit Zwiebeln und Petersilie in Butter anschwitzen und zu den Weißbrotwürfeln geben. Eier mit Milch verquirlen und über die Weißbrotwürfel gießen, alles gut vermischen. Mehl einarbeiten und mit Salz würzen. Knödelmasse 1 Stunde ruhen lassen. Dann mit der Hand Knödel formen und in reichlich kochendem Salzwasser ungefähr 15 Minuten kochen lassen.

Tipps

Speckknödel schmecken in einer klaren Rindsuppe oder als Beilage zu frischem Salat, Gulasch oder Schweinsbraten.
Machen Sie unbedingt einen Probeknödel, damit Sie sehen, ob der Teig die richtige Konsistenz hat. Wenn die Masse zu weich ist und der Knödel zerfällt, geben Sie noch etwas Mehl dazu.
Statt Weizenmehl können Sie auch Schwarzplent-Mehl verwenden.

Schweinsbraten

Für 4 Personen

ZUTATEN

- 1 kg Schweinsschulter oder Schweinehals
- 2 Knoblauchzehen, fein geschnitten
- 1 Msp. Kümmel, gemahlen
- 3–4 EL Öl
- 2 mittelgroße Zwiebeln
- 1 Karotte
- 250 ml Rindsuppe
- 1 TL Senf
- ½ TL Honig
- 1 Strauß Wilder Thymian
- 1 EL Mehl
- Salz
- Pfeffer aus der Mühle

Zubereitung: Fleisch gut mit Knoblauch, Kümmel und Salz einreiben. Öl in einem Bräter erhitzen und das Fleisch auf allen Seiten anbraten. Zwiebeln mit Schale vierteln, Karotte waschen. Zum Fleisch geben und im vorgeheizten Backrohr bei 170 °C 1½ Stunden garen. Dabei von Zeit zu Zeit kontrollieren, ob der Braten noch genug eigenen Bratensaft hat, sonst einen Teil der Rindsuppe angießen (nicht auf das Fleisch!). Dann Fleisch und Gemüse herausnehmen. Senf und Honig mischen und das Fleisch damit bestreichen, weitere 30 Minuten im Backrohr braten. Fleisch herausnehmen und ungefähr 10 Minuten bei geöffneter Tür im ausgeschalteten Backrohr ruhen lassen. Bratensaft auf dem Herd reduzieren, Thymian dazugeben und mitkochen lassen. Mehl einrühren, mit restlicher Rindsuppe aufgießen und mit Salz und Pfeffer würzen.

Fertigstellung: Fleisch in Scheiben schneiden und mit der Soße auf Tellern anrichten.

Tipps

Besonders schmackhaft wird die Soße, wenn man das Fleisch zusammen mit Schweinsrippchen brät.

Wenn man auch noch Kartoffelwürfel dazugibt, dann benötigt man für die Bindung der Soße kein Mehl.

Servieren Sie dazu Speckknödel, Reis oder Kartoffeln.

Brotkiechl

Für 12 Stück

ZUTATEN

24 dünne Scheiben Weißbrotwecken (1–2 Tage alt)
100 g Marmelade (z. B. Erdbeermarmelade)
300 g Mehl
½ l Milch
1 EL Obstler
3 Eier
Salz
Öl oder Schweineschmalz

ZUM ANRICHTEN

1 Msp. Zimt
1 EL Zucker

Zubereitung: Je eine Scheibe Weißbrot mit Marmelade bestreichen und mit einer zweiten Scheibe bedecken.
Für den Ausbackteig Mehl, Milch, Obstler, Eier und Salz gut verrühren. Die gefüllten Brotscheiben durch den Teig ziehen und im heißen Öl schwimmend auf beiden Seiten goldgelb backen. Herausnehmen und auf Küchenpapier abtropfen lassen. Zimt und Zucker vermischen und über die gebackenen Brotscheiben streuen.

Tipp

Sie können die Menge der Marmelade je nach Geschmack vergrößern oder verringern.

Strauben

Für 6 Personen

ZUTATEN

4 Eier
1 Pkg. Backpulver
350 g Mehl
½ l Milch
1 unbehandelte Zitrone, Schale abgerieben
1 EL Zucker
1 EL Obstler
Salz
Öl oder Schweineschmalz
Staubzucker

Zubereitung: Eier trennen. Backpulver und Mehl vermischen. Zusammen mit Eigelb, Milch, Zitronenschale, Zucker, Obstler und Salz zu einem Teig verrühren. Eiweiß steif schlagen und vorsichtig unter die Masse heben.

Öl in einer Pfanne erhitzen, Teig in einen Trichter füllen und, in der Pfannenmitte beginnend, spiralförmig ins heiße Öl laufen lassen. Strauben im Öl schwimmend auf beiden Seiten goldgelb backen. Auf Küchenpapier abtropfen lassen und mit Staubzucker bestreut servieren.

Ochsenaugen

Für 6 Personen

TEIG

4 Eier
1 Pkg. Backpulver
350 g Mehl
½ l Milch
1 unbehandelte Zitrone, Schale abgerieben
1 EL Zucker
1 EL Obstler
Salz

FÜLLUNG

750 g getrocknete Kastanien, geschält (aus dem Supermarkt)
1½ l Wasser
1 Zitronenscheibe
2 EL Zucker
1 Msp. Zimt
1 unbehandelte Zitrone, Schale abgerieben
1 EL Nusseler

WEITERES

Öl oder Schweineschmalz

Teig: Eier trennen. Backpulver und Mehl vermischen. Zusammen mit Eigelb, Milch, Zitronenschale, Zucker, Obstler und Salz zu einem Teig verrühren. Eiweiß steif schlagen und vorsichtig unter die Masse heben.
Füllung: Kastanien mit Wasser und Zitronenscheibe 30 Minuten kochen, anschließend pürieren. Mit Zucker, Zimt, Zitronenschale und Nusseler gut verrühren.
Fertigstellung: Aus der Füllung kleine Kugeln formen. Mithilfe eines Löffels durch den Teig ziehen und im heißen Öl schwimmend goldgelb ausbacken. Herausnehmen, auf Küchenpapier abtropfen lassen. Vor dem Servieren mit Staubzucker bestreuen.

Tipp

Die Teigmasse darf nicht zu flüssig sein, damit die Ochsenaugen nicht „davonlaufen“, das heißt, einen zu dünnen Teigmantel bekommen.

Bauernzelten

Für 6 Stück

TEIG

1¼ l lauwarmes Wasser
850 g Roggenmehl
1 EL grobes Salz

BAUERNZELTEN

12,5 g Germ
100 ml warme Milch
1 EL Weizenmehl
1 EL Zucker
1 kg Roggenmehl
150 g Rosinen
150 g Feigen, fein geschnitten
150 g Nüsse
100 g Zigainerkraut (Brotklee), gemahlen (aus dem Bioladen)
50 g Fenchelsamen

Teig: Wasser mit 500 g Roggenmehl und Salz vermengen und vier Tage lang bei Zimmertemperatur und mit einem Küchentuch abgedeckt stehen lassen, bis ein dünnflüssiger Sauerteig entsteht. Täglich zwei- bis dreimal mit einem Holzlöffel umrühren. Am fünften Tag ungefähr 350 g Roggenmehl unterrühren, bis der Teig die Konsistenz eines Rührkuchenteigs hat.
Bauernzelten: Germ in warmer Milch auflösen, Weizenmehl und Zucker unterrühren und an einem warmen Ort gehen lassen. Zum Sauerteig geben und ungefähr 3 Stunden gehen lassen, bis sich das Volumen verdoppelt hat. Roggenmehl, Trockenfrüchte, Nüsse und Gewürze zum Teig geben und verkneten. Auf einer bemehlten Arbeitsfläche mindestens 15 Minuten kräftig kneten, bis ein fester, glatter Teig entstanden ist. Brotlaibe formen (ungefähr 15 cm Ø), auf bemehlte Backbleche setzen und an einem warmen Ort zugedeckt ruhen lassen. Die Oberfläche der Brotlaibe mit nassen Händen glatt streichen. Im vorgeheizten Backrohr bei 180 °C ungefähr 40 Minuten backen.

Tipps

Sie können die Menge der Trockenfrüchte auch erhöhen oder verringern, je nach Geschmack.
Wenn Sie keine Trockenfrüchte zum Sauerteig geben, sondern die Gewürze noch um 1 Teelöffel gemahlenen Kümmel ergänzen, dann lässt sich daraus ein herrliches Bauernbrot backen. Die Backzeit beträgt dann ungefähr 20 Minuten.
Bauernzelten schmeckt am besten, wenn man ihn mit frischer Bauernbutter bestreicht.

Gasser / *Waltraud Pixner*

Marmelade muss Fruchtaufstrich heißen

Auf dem Gasserhof in Kuens nahe Meran macht Waltraud Pixner süße und herzhafte Früchte haltbar

590 Meter hoch, auf den Hängen am Eingang zum Passeiertal liegt der Gasserhof in Kuens, ein seit 1369 nachgewiesenes Besitztum des Benediktinerstifts Freising, das die Familie Pixner 1859 übernahm. Ein Garten Eden, in dem fast alles wächst: vorwiegend Äpfel, in ihrem Gefolge Feigen, Kirschen, Kiwis, Marillen, Nüsse, Pfirsiche, Quitten, Trauben und Zwetschgen. Natürlich auch Erdbeeren, Himbeeren, Ribisl und Hollerbeeren. Oder Kräuter wie Basilikum, Minze, Gold- und Zitronenmelisse. Dazu gesellen sich Peperoni und Tomaten, Zwiebeln und Zucchini. Aus Vernatschtrauben keltert Bauer Pixner Rotwein für die Hausgäste der vier Ferienwohnungen. Seine Frau Waltraud Ladurner füllt die Regale des Hofladens mit selbst eingelegten und eingekochten Früchten und Gemüse.

Für den Erntesegen gibt es nach Waltraud eine alte Gartenregel: „Setzsch mi im April, kimmi, wenn i will. Setzsch mi im Mai, kimmi glei!" Für den Gebrauch des Worts „Marmelade" hat sich die EU ein Gesetz einfallen lassen. „Marmelade darf man zwar sagen, aber nicht auf die Gläser schreiben", erklärt die Obstbäuerin, „die EU hat den Begriff für Zitrusfrüchte reserviert. Alles andere ist Fruchtaufstrich." Solche Spitzfindigkeiten vergisst, wer Waltrauds delikate Apfelmarmeladen probiert. Gemischt mit Karotten, gewürzt mit Minze oder Ingwer aus dem Bauerngarten schmecken sie himmlisch.

Das Wesentliche übers Einkochen hat Waltraud von ihrer Mutter gelernt: „Am wichtigsten ist es, nur Qualitätsobst oder -gemüse im besten Reifezustand zu verwenden und die Einmachgläser sehr sorgfältig zu sterilisieren." Als sie 2004 mit ihrem Mann und den drei Kindern nach Kuens zog, ging sie die Obstverarbeitung systematisch an, machte eine Ausbildung zur „Bäuerin – Botschafterin ihrer Produkte" an der Hauswirtschaftsschule in Haslach. Jetzt gibt Waltraud selbst Kurse – fürs Obsteinkochen, aber auch fürs Flechten des originalen Burggräfler Strohhuts. Sie interessiert sich für Traditionen, daher hat sie sich von einer der letzten Frauen, die das Hutmachen noch beherrschen, die aufwendige alte Technik beibringen lassen, mit der die Strohhüte geflochten und genäht werden. 25 bis 30 Stunden braucht eine erfahrene Hutmacherin für einen „Burggräfler". „Wenn man das Flechten erst einmal beherrscht, kann man die Zöpfe nebenbei beim Fernsehen machen. Aber bis man es kann ...", seufzt Waltraud.

Wie beim Obst ist die Landwirtin auch beim Hutmachen sehr puristisch. „Nein, ich kaufe nichts", sagt sie im Brustton der Überzeugung, „alles, was ich einkoche, wächst auf dem Gasserhof. Den Roggen für die Hüte baue ich auch selber an. Schönes Stroh ist fast nirgends mehr zu bekommen."

Apfel-Ingwer-Geleewürfel

Für etwa 60 Stück

ZUTATEN

1½ kg Äpfel (z. B. Granny Smith), geschält und entkernt
2 EL Wasser
50 g Ingwer, gerieben
1½ kg Gelierzucker
Zucker

Zubereitung: Äpfel in kleine Stücke schneiden, mit Wasser weich kochen und pürieren. Ingwer zu den pürierten Äpfeln geben, zusammen mit Gelierzucker maximal 5 Minuten aufkochen. Die Fruchtmasse auf ein mit Backpapier ausgelegtes Backblech streichen. An einem trockenen Ort mindestens 3 Wochen lagern. Von Zeit zu Zeit wenden und dabei das Backpapier erneuern. In Würfel (1,5 x 1,5 cm) schneiden und in Zucker wälzen.

Tipps

Statt Äpfel können Sie auch Quitten verwenden.
Lagern Sie die Fruchtwürfel flach in Blechdosen.

Apfel-Minze-Fruchtaufstrich

Für 5 Gläser (à 300 g)

ZUTATEN

1 kg Äpfel, geschält und entkernt
400 g Zucker
2 Zitronen, Saft
50 g Minzeblätter, fein gehackt

Zubereitung: Äpfel in kleine Würfel schneiden. Zusammen mit Zucker und Zitronensaft zum Kochen bringen. Minzeblätter dazugeben und ungefähr 5 Minuten kochen lassen. Heiß in sterile Gläser füllen und gut verschließen.

Baum der Erkenntnis

Den Apfelbaum hat es schon im Paradies gegeben – leider mit fatalen Folgen. Trotz Adams und Evas Vertreibung ist die Menschheit dem Baum der Erkenntnis und seinen Früchten treu geblieben, Äpfel schätzt und isst sie nachweislich seit rund 12 000 Jahren. In Südtirol haben die Bauern ihre Äpfel jahrhundertelang nur für den Eigenbedarf geerntet, die ersten Obstbau-Genossenschaften entstanden im 19. Jahrhundert. Heute ist Südtirol Europas größtes geschlossenes Anbaugebiet: Auf rund 18 000 Hektar bauen 8000 Familienbetriebe Äpfel an. Zwischen Braeburn und Winesap sind 16 verschiedene Apfelsorten zertifiziert, Raritäten wie Gravensteiner gar nicht mitgezählt. Naheliegend, dass der Apfel auch Protagonist der süßen Südtiroler Küche ist, zu finden in Krapfen und Kuchen, im Schmarren und Strudel, im Marmeladenglas und in der Schnapsflasche.

Feigen-Fruchtaufstrich

Für 5 Gläser (à 300 g)

ZUTATEN

1 kg Feigen
300 g Zucker
30 g Pektin

Zubereitung: Feigen waschen, schälen, in Würfel schneiden und mit ⅔ des Zuckers erhitzen. Den restlichen Zucker mit Pektin vermischen und kurz vor dem Siedepunkt einrühren. Maximal 5 Minuten kochen, heiß in sterile Gläser füllen und gut verschließen.

Tipp

Der Feigen-Fruchtaufstrich muss beim Kochen ständig gerührt werden, die Früchte brennen leicht an.

Kiwi-Fruchtaufstrich

Für 5 Gläser (à 300 g)

ZUTATEN

1 kg Kiwis
3 Zitronen
500 g Zucker
30 g Pektin

Zubereitung: Kiwis schälen, den harten weißen Stielansatz herausschneiden und in kleine Würfel schneiden. Zitronen so schälen, dass die weiße Haut entfernt wird, filetieren und zerkleinern. Kiwis und Zitronen mit ⅔ des Zuckers erhitzen. Den restlichen Zucker mit Pektin vermischen und kurz vor dem Siedepunkt einrühren. Maximal 5 Minuten kochen lassen, heiß in sterile Gläser füllen und gut verschließen.

Quitten-Ingwer-Fruchtaufstrich

Für 5 Gläser (à 300 g)

ZUTATEN

1 kg Quitten, geschält und entkernt
¼ l Wasser
300 g Zucker
25 g Ingwer, gerieben

Zubereitung: Quitten in Würfel schneiden. Mit Wasser weich kochen, Flüssigkeit abseihen und Quitten pürieren. Zucker und Ingwer dazugeben. Maximal 5 Minuten aufkochen lassen, heiß in sterile Gläser füllen und gut verschließen.

Tipp

Statt Quitten kann man auch Äpfel verwenden.

Zwetschgen-Fruchtaufstrich

Für 5 Gläser (à 300 g)

ZUTATEN

1 kg Zwetschgen, entsteint
300 g Zucker
30 g Pektin

Zubereitung: Zwetschgen in Würfel schneiden. Mit ⅔ des Zuckers erhitzen. Den restlichen Zucker mit Pektin vermischen und kurz vor dem Siedepunkt einrühren. Maximal 5 Minuten kochen lassen, heiß in sterile Gläser füllen und gut verschließen.

Apfel-Karotten-Fruchtaufstrich

Für 7 Gläser (à 300 g)

ZUTATEN

500 g Karotten, geschält
2 EL Wasser
3 Zitronen, Saft
1 kg Äpfel, geschält und entkernt
500 g Zucker

Zubereitung: Karotten raspeln. Mit Wasser und Zitronensaft weich kochen. Äpfel in kleine Würfel schneiden. Mit Zucker zu den Karotten geben. Ungefähr 5 Minuten kochen lassen, heiß in sterile Gläser füllen und gut verschließen.

Apfel-Chutney

Für 6 Gläser (à 250 g)

ZUTATEN

1 kg Äpfel (z. B. Granny Smith), geschält und entkernt
270 g Zwiebeln
2–3 mittelscharfe Peperoncini, ohne Kerne und Stiel
1 EL Öl
350 g Zucker
300 ml Weißweinessig
1 TL Salz
1 TL Ingwer, gerieben
1 Msp. Pfeffer
2 Zweige Thymian

Zubereitung: Äpfel in kleine Würfel schneiden. Zwiebeln und Peperoncini klein schneiden. Öl in einer Pfanne erhitzen, Zwiebeln darin anschwitzen, ⅓ der Zuckermenge zugeben und karamellisieren lassen. Mit Essig ablöschen. Äpfel, Peperoncini, Salz, Ingwer, Pfeffer und Thymian zufügen und alles bei schwacher Hitze ungefähr 30 Minuten kochen lassen. Sobald die Masse dickflüssig wird, vom Feuer nehmen. Das heiße Chutney in sterile Gläser füllen und gut verschließen.

Tipps

Apfel-Chutney passt gut zu Käse oder Gegrilltem.
Wenn man die Thymianzweige in einen Tee- oder Kaffeefilter gibt, den man oben mit Küchengarn zubindet, dann kann man die Kräuter nach dem Kochen leichter entfernen.

Süß-saure Zwetschgen

Für 7 Gläser (à 300 g)

ZUTATEN

2 kg kleine Zwetschgen
1 kg Zucker
500 ml Weißweinessig
500 ml Wasser
5 Gewürznelken
1 Stück Zimtstange

Zubereitung: Zwetschgen waschen, Schalen mit einem Zahnstocher 4 bis 5-mal einstechen. Zucker, Essig, Wasser, Nelken und Zimtstange aufkochen und sofort über die Zwetschgen gießen. Im Sud 24 Stunden ziehen lassen. Den Sud abseihen, in einem Topf auffangen und erneut erhitzen. Wieder über die Zwetschgen gießen und einen weiteren Tag ziehen lassen. Am dritten Tag alles zusammen erhitzen, heiß in sterile Gläser füllen und gut verschließen.

Tipps

In ein Glas (300 g) passen 20 kleine Zwetschgen, bei größeren Früchten brauchen Sie 1–2 Gläser mehr.
Süß-saure Zwetschgen passen gut zu Käse und Kaiserschmarren.

Getrocknete Tomaten in Olivenöl

Für 10 Gläser (à 300 g)

ZUTATEN

1½ l Wasser
250 ml Weißwein
500 ml Essig
2 Zwiebeln, geviertelt und in Ringe geschnitten
5 schwarze Pfefferkörner
2 Knoblauchzehen
Salz
Basilikum
1 kg getrocknete Tomaten
Olivenöl

Zubereitung: Wasser, Weißwein, Essig, Zwiebelringe, Pfefferkörner, Knoblauch, Salz und Basilikum in einem Topf zum Kochen bringen. Die getrockneten Tomaten in den kochenden Sud geben und ungefähr 2–3 Minuten kochen lassen. Tomaten abseihen, Knoblauchzehen entfernen und in sterile Gläser schichten. Gut mit Olivenöl bedecken und fest verschließen.

Süß-sauer eingelegte Zucchini

Für 5 Gläser (à 300 g)

ZUTATEN

1 kg Zucchini
1 Zwiebel
70 g grobes Salz
400 ml kaltes Wasser
500 ml Weißweinessig
200 g Zucker
1 TL Senfkörner
1 TL Salz

Zubereitung: Zucchini waschen und in Scheiben schneiden. Zwiebel schälen, vierteln und in Ringe schneiden und mit den Zucchinischeiben mischen. Mit grobem Salz bestreuen und kaltes Wasser darübergießen. Ungefähr 5 Stunden in den Kühlschrank stellen. Gemüse abseihen und die Flüssigkeit auffangen. Flüssigkeit mit Weißweinessig, Zucker, Senfkörnern und Salz aufkochen. Zucchini und Zwiebeln dazugeben und ungefähr 5 Minuten bissfest garen. Mit dem heißen Sud in sterile Gläser füllen und gut verschließen.

Tipp

Wer es besonders scharf möchte, der würzt die Zucchini noch mit etwas Peperoncino.

Falschauer / *Elisabeth Schweigl*

Bratl, Gröstl, Speck & Co.

Die Urlärchen bei St. Gertraud im Ultental sind UNESCO-Weltnaturerbe: 2300 Jahre alte Bäume, fast 30 Meter hoch, mit bis zu acht Metern Stammumfang. Zehn Gehminuten von den Baumriesen entfernt, auf 1350 Metern, liegt der Falschauer von Sepp Gruber und seiner Frau Elisabeth Schweigl. Mitte der 1990er-Jahre ist die gebürtige Meranerin zu Sepp ins Ultental gezogen, die Arbeit als Gewerkschaftsangestellte in der Stadt hatte sie erschöpft. Ihr neues Zuhause fand sie auf dem Bergbauernhof, der seit dem 14. Jahrhundert in den Urkunden erwähnt wird. Heute ist der Falschauer ein Hofschank. Elisabeth und Sepp bewirten in ihren getäfelten Stuben ganzjährig bis zu zwanzig Personen mit ländlichen Menüs. „Aber nur auf Vorbestellung", betont die Köchin, „mit der ganzen Hofarbeit wäre es sonst zu viel für uns!" Die beiden sind ein gut eingespieltes Team. Elisabeth steht am Herd, Sepp assistiert ihr bei den Küchenarbeiten, er deckt die Tische und serviert.

Elisabeth Schweigl vom Falschauerhof ist eine meisterhafte Bratenköchin

Draußen im Stall züchtet Sepp Rinder und Schweine, er hält Hühner und Gänse, er schlachtet, selcht und surt das Fleisch und macht auch alle Würste selbst. Das rußgeschwärzte Gewölbe der ehemaligen Küche hängt voller Speckseiten. „Den Speckkeller nennt man ‚Bauernhimmel'", sagt Sepp stolz. Seinen Gästen erklärt er gern die komplizierte und zeitaufwendige Zubereitung der Köstlichkeiten aus der Räucherkammer.

Elisabeths Reich vor der Haustür ist der Bauerngarten. Dort zieht sie Lauch, Mangold und Zucchini, Karotten, Kräuter und Kraut. In den Wiesen hinter dem Garten sammelt sie wilde Kresse, Löwenzahn oder „Guten Heinrich", einen zarten Wildspinat. Am Holzfeuerherd ist Elisabeth in ihrem Element. Aus dem Fleisch vom eigenen Hof, aber auch aus den Lämmern und Ziegen von Nachbarn macht sie schmackhafte Braten, dazu viererlei Gemüse, das im Sommer aus dem eigenen Garten kommt. Sepps Selbstgeräuchertes und -gepökeltes verarbeitet sie zu delikaten Vorspeisen. Brotsuppe und rohes Rindscarpaccio, Teigröschen und Spinatnocken, Bauerngröstl und Saltimbocca – das Rezeptrepertoire vom Falschauer inspirieren Bodenständiges aus Südtirol, Mediterranes aus Italien und die österreichische Mehlspeisenküche. Und Elisabeth Schweigls drei Gebote: „Kochen mit den Jahreszeiten, qualitativ hochwertige Zutaten verwenden und alles mit Freude und Fantasie würzen."

Nur die Ultner Mohnkrapfen bestellt sie bei einer befreundeten Bäuerin. „Sie kann die Krapfen einfach am besten. Und außerdem: Diese Arbeit zieht sich über zwei Tage hin – das geht sich bei mir nicht aus." Mit der Mohnkrapfenfreundin geht sich allerdings eins immer wieder aus: das gemeinsame Singen am Ende eines lange Arbeitstages.

Rindsuppe

Für 1 Liter Suppe

ZUTATEN

- 1½ l Wasser
- ½ Zwiebel, mit Schale
- ½ kg Rindfleisch
- 1 Rindsknochen
- 1 Karotte
- 100 g Knollensellerie
- 1 Stange Lauch
- 1 Zweig Liebstöckel
- Salz

Zubereitung: Wasser in einem großen Topf zum Kochen bringen, Schnittfläche der ungeschälten Zwiebelhälfte in einer Pfanne bei kräftiger Hitze anbräunen. Zusammen mit Rindfleisch, Knochen, Karotte, Knollensellerie, Lauch und Liebstöckel in den Topf geben und langsam köcheln lassen. Von Zeit zu Zeit den Schaum abschöpfen. Erst salzen, wenn sich kein Schaum mehr bildet. Die Suppe ist fertig, wenn das Fleisch schön weich ist. Fleisch herausnehmen und Suppe durch ein feines Sieb passieren. Bis zur weiteren Verwendung warm halten.

Tipps

Sie können die Rindsuppe gut auf Vorrat kochen und dann portionsweise einfrieren.
Verwenden Sie das Fleisch als Suppeneinlage oder für andere Gerichte, z. B. für ein Gröstl.

Rindsuppe mit Brot

Für 4 Personen

ZUTATEN

- 1 hartes Vinschger Paarl (zwei Tage alt)
- 100 g gekochtes Rindfleisch, in kleine Stücke geschnitten
- 1 l Rindsuppe
- 1 EL Schnittlauch, fein geschnitten

Zubereitung: Vinschger Paarl in Brocken zerteilen und zusammen mit dem Rindfleisch in eine Suppenterrine geben. Mit kochend heißer Rindsuppe übergießen und mit Schnittlauch bestreut servieren.

Rindsuppe mit Schöberl

Für 4 Personen

ZUTATEN

6 Eier
Kräutersalz
Pfeffer aus der Mühle
20 g milder Käse (z. B. junger Gouda, junger Fontina)
20 g würziger Käse (z. B. Almkäse)
1 EL Butter
1 l Rindsuppe
1 EL Schnittlauch, gehackt

Zubereitung: Eier mit Kräutersalz und Pfeffer verquirlen. Käse dazugeben. Eine feuerfeste Form ausbuttern. Die Masse einfüllen und im vorgeheizten Backrohr bei 180 °C 10–15 Minuten stocken lassen. Etwas auskühlen lassen, auf ein Brett stürzen und in kleine Würfel schneiden.
Fertigstellung: Heiße Rindsuppe in eine Suppenterrine gießen, Schöberl einstreuen und mit Schnittlauch garnieren.

Rindsuppe mit Grießnocken

Für 4 Personen

ZUTATEN

80 g Grieß
1 Ei
1 TL weiche Butter
Salz
1 l Rindsuppe
1 EL Schnittlauch

Zubereitung: Grieß, Ei, Butter und etwas Salz mit einer Gabel zu einer glatten Masse verarbeiten.
Einen Esslöffel einfetten, damit aus der Masse kleine Nocken abstechen. Die Nocken in reichlich kochendes Salzwasser geben und so lange köcheln lassen, bis sie an die Wasseroberfläche kommen. Mit einer Schaumkelle herausnehmen.
Fertigstellung: Heiße Rindsuppe in eine Suppenterrine gießen, Grießnocken dazugeben und mit Schnittlauch garnieren.

Rindscarpaccio mit Löwenzahn und eingelegten Pfifferlingen

Für 4 Personen

ZUTATEN

70 g Rinderfilet oder Rinderlende
70 g Löwenzahnblätter
4 EL eingelegte Pfifferlinge
Salz
Pfeffer aus der Mühle

ZUM ANRICHTEN

Olivenöl
Balsamicoessig
Parmesanspäne
4 Scheiben Zitrone

Zubereitung: Rindfleisch im Tiefkühler ungefähr 30 Minuten anfrieren und mit der Aufschnittmaschine in hauchdünne Scheiben schneiden. Löwenzahn waschen und trocken schleudern. Jeweils 10–15 Scheiben Rindfleisch auf einen Teller legen. Löwenzahn und eingelegte Pfifferlinge darauf verteilen. Mit Salz und Pfeffer würzen, mit Olivenöl und Balsamicoessig beträufeln und mit Parmesanspänen und Zitronenscheiben garnieren.

Tipps

Sie können statt der eingelegten Pfifferlinge auch kurz in Butter gebratene Pfifferlinge oder rohe, in dünne Scheiben geschnittene Steinpilze verwenden.
Wenn Sie keine Aufschnittmaschine haben, können Sie das Rindfleisch auch mit dem Messer in sehr dünne Scheiben schneiden und diese anschließend mit einem Plattiereisen noch dünner klopfen.
Wenn Sie kein rohes Rindfleisch mögen, ersetzen Sie es durch hauchdünn geschnittenes und gepökeltes Schweinefleisch oder Bresaola.

Wilde Mischung

Südtiroler Bäuerinnen ernten, was die ungedüngten Wiesen rings um die Höfe hergeben: Bärlauch, Brennnesseln und ihre Samen, jungen Löwenzahn, den Wildspinat „Guter Heinrich" oder Wilden Thymian. Wilde Kräuter und Gemüse, lange als Unkraut verachtet, sind tatsächlich gesund, heilkräftig und schmackhaft obendrein.

Nocken mit Gutem Heinrich

Für 4 Personen

ZUTATEN

1 kg Guter Heinrich (wilder Spinat)
1 Zwiebel, in feine Würfel geschnitten
2 Knoblauchzehen, fein geschnitten
2 EL Butter
Salz
Pfeffer aus der Mühle
Muskat
300 g Knödelbrot
6 Eier
¾ l Milch
3 El Mehl
3–5 EL Semmelbrösel

ZUM ANRICHTEN

100 g Butter
3–4 Salbeiblätter
Parmesan, gerieben

Zubereitung: Guten Heinrich kurz blanchieren und in Eiswasser abschrecken, damit die Blätter ihre grüne Farbe behalten. Ausdrücken und fein hacken. Zwiebelwürfel und Knoblauch in Butter anschwitzen, Guten Heinrich dazugeben, salzen, pfeffern und mit Muskat abschmecken. In einer Schüssel Knödelbrot gut mit dem Guten Heinrich vermengen. Eier mit Milch verquirlen, salzen, pfeffern und über den Nockenteig gießen. Die Masse gut durchmischen und zugedeckt mindestens 1 Stunde ziehen lassen. Anschließend Mehl über den Teig stäuben und unterrühren. Sollte die Masse zu weich sein, so viel Semmelbrösel einrühren, bis sie die erforderliche Konsistenz hat. Mit einem Esslöffel kleine Nocken formen und in reichlich kochendem Salzwasser ungefähr 15 Minuten sieden lassen.
Butter schmelzen lassen, Salbeiblätter dazugeben und goldbraun werden lassen.

Fertigstellung: Knödel auf vorgewärmte Teller setzen. Mit Parmesan bestreuen und mit Salbeibutter beträufeln.

Tipps

Wenn Sie keinen Guten Heinrich bekommen, dann können Sie diesen auch durch Spinat ersetzen.
Sie können statt der frischen Salbeiblätter auch 6 getrocknete verwenden.

Teigröschen mit Tomatensoße

Für 4 Personen

NUDELTEIG
200 g feines Weizenmehl
2 Eier
1 Eigelb

FÜLLUNG
½ kg Kalbfleisch, faschiert
4 EL Bauchspeck, in kleine Würfel geschnitten
1 Zwiebel, in feine Würfel geschnitten
70 g Butter
Salz
Pfeffer aus der Mühle

TOMATENSOSSE
50 g Butter
4 Salbeiblätter
500 g Tomaten (aus der Dose), in Würfel geschnitten
Salz
Pfeffer aus der Mühle

ZUM ANRICHTEN
Parmesan, geraspelt
Bärlauch, fein gehackt

Nudelteig: Mehl auf eine Arbeitsfläche sieben, eine Mulde hineindrücken. Eier und Eigelb in die Mulde geben und von außen nach innen mit Mehl vermengen. Die Zutaten mindestens 15 Minuten lang gründlich verkneten, bis der Teig ganz glatt ist. Teig zu einer Kugel formen, in Klarsichtfolie wickeln und 30 Minuten ruhen lassen. Mit der Nudelmaschine ganz dünn auswalzen und 40–50 cm langen Teigstreifen abschneiden.
Füllung: Faschiertes Kalbfleisch mit Bauchspeck und Zwiebelwürfeln in Butter anbraten, bis die Mischung gebräunt ist und krümelig wird. Salzen und pfeffern. Auskühlen lassen und mit dem Stabmixer zu einer cremigen Masse pürieren.
Tomatensoße: Butter zerlassen, Salbeiblätter darin anschwitzen, Tomaten zufügen, salzen, pfeffern und 10 Minuten köcheln lassen.
Fertigstellung: Die Füllung in einen Spritzbeutel füllen und einen schmalen Streifen auf die gesamte Länge eines Teigstreifens spritzen. Die Teigränder mit etwas Wasser befeuchten und den Teigstreifen der Länge nach zusammenklappen. Die Ränder gut festdrücken und mit einem scharfen Messer gerade abschneiden. Den gefüllten Teigstreifen vorsichtig zur Rose aufrollen. Die seitlichen Ränder befeuchten und festdrücken. Die fertigen Teigröschen auf ein bemehltes Backblech setzen. Die Teigröschen in reichlich Salzwasser 10 Minuten leise köcheln lassen. Vorsichtig mit einer Schaumkelle herausnehmen. Tomatensoße auf vorgewärmte Teller geben. Teigröschen darauf anrichten, mit Parmesan bestreuen und mit Bärlauch garnieren.

Tipps

Wenn Bärlauch gerade keine Saison hat, dann nehmen Sie zum Anrichten einfach Schnittknoblauch oder Schnittlauch.
Sie können die Teigröschen statt mit Tomatensoße auch mit Salbeibutter und Parmesan servieren. Geben Sie dazu 5–6 Salbeiblätter in 150 g zerlassene Butter.

Bauerngröstl

Für 4 Personen

ZUTATEN

1 kg festkochende rote Kartoffeln
⅛ l Öl
150 g Butter
2 mittelgroße Zwiebeln, in feine Würfel geschnitten
1 Knoblauchzehe, fein geschnitten
Salz
Pfeffer aus der Mühle
5–6 Lorbeerblätter
½ kg Rindfleisch, gekocht

ZUM ANRICHTEN

1–2 EL Petersilie, fein gehackt

Zubereitung: Kartoffeln mit Schale kochen, Wasser abgießen und Kartoffeln gut auskühlen lassen. Schälen und in nicht zu dünne Scheiben schneiden. In einer großen Pfanne Öl und Butter erhitzen. Zwiebeln und Knoblauch darin anschwitzen. Kartoffeln dazugeben und bei starker Hitze auf einer Seite gut anbraten. Wenn die Kartoffeln schön gebräunt sind, wenden, salzen, pfeffern und Lorbeerblätter dazugeben. Das gekochte Rindfleisch in feine Streifen schneiden und unter die Kartoffeln mengen, ungefähr 5 Minuten mitbraten.
Fertigstellung: Bauerngröstl auf einer vorgewärmten Servierplatte oder auf Tellern anrichten und mit reichlich Petersilie bestreuen.

Tipps

Damit die Kartoffeln so trocken wie möglich sind, kann man sie mit Schale für 5 Minuten im auf 200 °C vorgeheizten Backrohr ausdämpfen lassen.
Wenn Sie das Gröstl etwas deftiger mögen, können Sie einen Teil der Butter durch Schweineschmalz ersetzen.

Kalbsrollbraten mit Rosmarinkartoffeln und Karotten

Für 4 Personen

KALBSROLLBRATEN

1 kg Kalbsrollbraten
Kräutersalz mit Salbei
Pfeffer aus der Mühle
100 g Butter
3 EL Öl
1 kleine Zwiebel, in feine Würfel geschnitten
2 Knoblauchzehen, angedrückt
1 Stange Staudensellerie, fein geschnitten
⅛ l trockener Weißwein
heißes Wasser
1 Karotte, in Stifte geschnitten

ROSMARINKARTOFFELN

1 kg festkochende Kartoffeln
100 ml Olivenöl
Salz
Pfeffer aus der Mühle
50 g Butter
2 EL Rosmarinnadeln

KAROTTEN

80 g Butter
1 rote Zwiebel, in feine Würfel geschnitten
5 EL Zucker
400 g Karotten, in Scheiben geschnitten
Mineralwasser mit Kohlensäure
Salz

Kalbsrollbraten: Kalbsrollbraten rundherum gut mit Kräutersalz und Pfeffer einreiben. In einem Bräter Butter und Öl erhitzen und das Fleisch auf allen Seiten gut anbraten. Zwiebelwürfel, Knoblauchzehen und Staudensellerie dazugeben und ebenfalls anbraten. Mit Weißwein ablöschen und so lange einkochen lassen, bis der Wein verdampft ist. Heißes Wasser angießen, sodass der Boden des Bräters bedeckt ist. Im vorgeheizten Backrohr bei 150–160 °C ungefähr 45 Minuten garen. Bei Bedarf von Zeit zu Zeit etwas heißes Wasser nachgießen (nicht auf das Fleisch!). Gegen Ende der Garzeit die Karottenstifte dazugeben und mitschmoren lassen. Braten bei geöffneter Tür im ausgeschalteten Backrohr 10 Minuten ruhen lassen.

Rosmarinkartoffeln: Kartoffeln schälen und in ungefähr 1,5 cm große Würfel schneiden. In kochendem Wasser 5 Minuten blanchieren, abseihen, kalt abschrecken und trocken tupfen. Olivenöl in eine feuerfeste Form geben, sodass der Boden gut damit bedeckt ist. Kartoffeln dazugeben, salzen, pfeffern und gut vermischen. In das auf 150 °C vorgeheizte Backrohr schieben. Nach 45 Minuten Butter in Flöckchen auf den Kartoffeln verteilen, mit Rosmarin bestreuen und gut durchmischen. Weitere 5 Minuten im Backrohr garen, bis die Kartoffeln goldbraun sind.

Karotten: Butter in einem Topf schmelzen, Zwiebel darin anschwitzen, Zucker zugeben und aufschäumen lassen. Karotten zufügen und gut vermischen. Mit Mineralwasser ablöschen, salzen und zugedeckt ungefähr 15 Minuten bissfest garen.

Fertigstellung: Fleisch in Scheiben schneiden und mit Bratensaft begießen. Zusammen mit Rosmarinkartoffeln und Karotten auf Tellern anrichten.

Tipp

Sie können den frischen Rosmarin für die Kartoffeln auch durch 1 Esslöffel getrockneten Rosmarin ersetzen.

Kaninchenbraten mit gebackenem Fenchel

Für 4 Personen

KANINCHENBRATEN

1 Kaninchen
200 g Butter
5–6 Scheiben Bauchspeck, in Streifen geschnitten
10 Salbeiblätter
7–8 Flaschentomaten, geschält
Salz
Pfeffer aus der Mühle

GEBACKENER FENCHEL

400 g Fenchel
3 Eier
2 EL Parmesan, gerieben
Kräutersalz mit Thymian
1 TL Fenchelsamen, zerstoßen
Pfeffer aus der Mühle
Semmelbrösel
Öl

Kaninchenbraten: Kaninchen in Portionsstücke zerlegen. In einem großen Schmortopf Kaninchenteile mit Butter und Speckstreifen auf allen Seiten anbraten. Salbeiblätter und Flaschentomaten zugeben. Bei kleiner Hitze (mit geschlossenem Deckel) ungefähr 30–35 Minuten schmoren lassen. Fleisch dabei häufig wenden. Erst salzen und pfeffern, wenn die Flaschentomaten zerfallen sind. Das Fleisch ist gar, wenn es sich leicht vom Knochen lösen lässt.

Gebackener Fenchel: Fenchel vierteln und in Salzwasser bissfest garen. Abseihen, kalt abschrecken und trocken tupfen. Eier mit Parmesan, Kräutersalz, Fenchelsamen und Pfeffer verquirlen. Die Fenchelstücke durch die Ei-Mischung ziehen, in Semmelbröseln wälzen und in heißem Öl schwimmend ausbacken. Herausnehmen und auf Küchenpapier abtropfen lassen.

Fertigstellung: Kaninchen zusammen mit gebackenem Fenchel auf Tellern anrichten und servieren.

Tipp

Lassen Sie sich das Kaninchen am besten vom Metzger fachgerecht zerlegen.

Schwein gehabt

Nur wenige Rüsseltiere haben mit ihrem Bauern so viel Glück wie die vom Falschauerhof im Ultental. Sepp Gruber lässt seine Fleisch- und Specklieferanten den ganzen Sommer lang auf der Alm im Schweinsgalopp frei laufen. Damit sie glücklich sind und mehr Muskeln als Fett ansetzen. Borstenvieh in Bewegung bringt zwar weniger, dafür aber Fleisch von Spitzenqualität und -geschmack auf die Metzgerwaage.

Kitzbraten mit grünen Bohnen im Speckmantel

Für 8 Personen

KITZBRATEN

3 kg Kitz (mit Knochen)
Kräutersalz mit Thymian
125 g Butter
⅛ l Öl
5 Knoblauchzehen, angedrückt
¼ l Weißwein
heißes Wasser

GRÜNE BOHNEN IM SPECKMANTEL

800 g grüne Bohnen
2 Zweige Bohnenkraut
200 g Bauchspeck, in dünne Scheiben geschnitten
Salz
Pfeffer aus der Mühle
1 EL Butter

Kitzbraten: Fleischstücke gründlich mit Kräutersalz einreiben. Butter und Öl in einem großen Bräter erhitzen, Fleisch darin auf allen Seiten gut anbraten. Die angedrückten Knoblauchzehen dazugeben und alles mit Weißwein ablöschen. Wenn der Wein verdampft ist, mit heißem Wasser aufgießen, sodass der Boden mit Flüssigkeit bedeckt ist. Im vorgeheizten Backrohr bei 140 °C ungefähr 45 Minuten garen lassen. Bei Bedarf heißes Wasser nachgießen (nicht auf das Fleisch!).

Bohnen im Speckmantel: Bohnen zusammen mit Bohnenkraut in Salzwasser bissfest kochen. Abseihen und in Eiswasser abschrecken, damit die grüne Farbe erhalten bleibt. Jeweils 4–5 Bohnen in eine Speckscheibe wickeln, salzen, pfeffern und auf ein mit Butter eingefettetes Backblech legen. Im vorgeheizten Backrohr bei 170 °C so lange braten, bis der Speck glasig ist.

Fertigstellung: Fleisch und Bohnen auf Tellern anrichten und servieren.

Tipp

Kitz, d. h. Zicklein, gibt es nicht das ganze Jahr, sondern nur um die Osterzeit. Man muss das Fleisch extra beim Metzger bestellen. Lassen Sie es sich dort auch gleich fachgerecht zerlegen.

Saltimbocca alla Falschauer

Für 4 Personen

ZUTATEN

4 Kalbsschnitzel, sehr dünn geschnitten
4 Scheiben Bauchspeck, sehr dünn geschnitten
4 Blätter Teufelssalbei
40 g Butter
Salz
Pfeffer aus der Mühle

Zubereitung: Kalbschnitzel plattieren und mit einer Speckscheibe sowie einem Salbeiblatt belegen, mit einem Zahnstocher fixieren. Die Schnitzel zuerst auf der belegten Seite in der heißen Butter anbraten. Währenddessen die unbelegte Seite der Schnitzel leicht salzen und pfeffern. Wenden und ungefähr 2 Minuten fertig braten.
Fertigstellung: Auf Tellern anrichten und mit Bratensaft beträufelt servieren.

Tipps

Teufelssalbei *(Salvia* sp. *Diavolus)* ist in gut sortierten Gärtnereien erhältlich. Sie können ihn auch durch andere großblättrige Sorten ersetzen.
Als Beilage eignen sich Reis, Rosmarinkartoffeln, verschiedene Gemüse sowie Blattsalate.

Omeletten mit Erdbeeren und Rhabarber

Für 5 Personen

TEIG

3 Eier
1 Prise Salz
125 g Mehl
250 ml Milch
1 EL Mineralwasser mit Kohlensäure

FÜLLUNG

4 Stangen Rhabarber
4 EL Wasser
5–7 EL Zucker
1 Zitrone, Saft
250 g Erdbeeren
Pfeffer aus der Mühle

WEITERES

Butter

ZUM ANRICHTEN

Staubzucker

Teig: Eier schaumig rühren, salzen. Nach und nach abwechselnd Mehl und Milch unterrühren. Teig 15 Minuten ruhen lassen. Nochmals umrühren und Mineralwasser zugeben.

Füllung: Rhabarber schälen und in ungefähr 4 cm lange Stücke schneiden. Wasser, 2 EL Zucker und die Hälfte des Zitronensaftes in einen kleinen Topf geben, aufkochen lassen. Rhabarber zur kochenden Flüssigkeit geben und knapp 10 Minuten kochen lassen. In der Zwischenzeit Erdbeeren waschen, putzen und vierteln. Mit dem restlichen Zucker, Zitronensaft und Pfeffer marinieren.

Fertigstellung: In einer Bratpfanne Butter goldgelb zerlassen. Mit einer Schöpfkelle Teig in die Pfanne gießen. Die Pfanne schwenken, sodass der ganze Boden dünn mit Teig bedeckt ist. Braten bis die Unterseite goldbraun ist, mithilfe eines Topfdeckels oder eines Tellers wenden. Die zweite Seite ebenfalls goldbraun braten.
Rhabarber und Erdbeeren auf die fertigen Omeletten geben, zusammenklappen und mit Staubzucker bestreuen.

Tipp

Sie können die fertigen Omeletten bis zum Füllen im vorgeheizten Backrohr bei 50 °C warm halten.

Lexn / *Margit Kofler Biasi*

Genüsse aus Südtirols Süden

Marlies Kofler Biasi vom Lexnhof in Glen bei Montan verrät, warum Polenta heutzutage einen faulen Koch braucht

Der Weiler Glen, ein Ortsteil von Montan, an den sonnenüberglänzten Hangterrassen des Südtiroler Unterlands zählte bis zum Mai 2010 genau 99 Einwohner. Seither sind es 104. Die neuen Bürger sind Margit Kofler Biasi, ihr Mann Günther Biasi und ihre drei Kinder. Ihre Adresse: der Lexnhof, 580 Meter hoch, an der kleinen Bergstraße nach Truden gelegen, gut 230 Jahre alt, von Vorbesitzern teilweise restauriert. Landwirt ist Günther schon lange, auf seinen Grundstücken in Tramin und Neumarkt wachsen weißer Chardonnay, roter Cabernet und Äpfel. Der Besitz einer eigenen Hofstelle ist neu für ihn und für Margit, die gelernte Köchin. Sie hat in Hotels gearbeitet, auch ein eigenes Restaurant mit Pizzeria geführt. Die beiden Ferienwohnungen und der Hofschank auf dem Lexnhof sind seit Herbst 2010 ihr neues Reich. „Am Anfang, als eine Ferienwohnung noch Baustelle war, da bin ich schon ins Schleudern geraten", gesteht die Neo-Bäuerin, „da war der Hofschank wie ein Gasthaus geöffnet – und ich dem Andrang nicht gewachsen." Margit kocht jetzt nur noch mit Reservierung und ohne Stress. So kann sie ihre Zeit besser einteilen, für Kinder und Gäste, für Hasen und Hennen, Schafe und Ziegen oder fürs Sammeln von Brennnesselsamen, mit denen sie ihre Kartoffelsuppe würzt. „Die Brennnesselsamen sind sehr eisenhaltig und geben viel Energie!", schwärmt sie.

Margits Heimat gilt seit alters her als die Gegend mit den besten „Plent"-Köchinnen Südtirols. Die Polenta, der Maisbrei aus den norditalienischen Alpenregionen, eine Erfindung der Römer, hat sich als „Plent" zwischen Salurn und Bozen früher als in den Südtiroler Alpentälern als Alltagsessen etabliert. Die Zubereitung in großen Kupferkesseln über offenem Feuer war früher Schwerarbeit, der ‚Plent' musste mindestens eine Stunde lang ununterbrochen gerührt werden. Margit postuliert: „Für ‚Plent' braucht es heutzutage einen faulen Koch, man soll ihn nicht oft umrühren." Sie jedenfalls lässt ihren in Ruhe, während er im Kochtopf am Rand des Holzfeuerherds den halben Vormittag lang vor sich hin köchelt.

Die Speisekarte vom Lexnhof weist Margit als vielseitige Köchin aus, sie macht Südtiroler Kasnocken, italienische Bandnudeln oder österreichische Linzer Schnitte. Stolz ist sie auf ein uraltes Rezept aus ihrer neuen Heimat Glen, auf die süßen, gekochten „Kloaznschlutzer" und die gebackenen „Kloatznkrapfen" mit einer Füllung aus getrockneten Birnen. Dafür nimmt sie sogar die Mühen einer zeitintensiven Zubereitung auf sich. „Sonst muss das Kochen bei mir schnell gehen oder unkompliziert sein", erklärt die frischgebackene Bauersfrau. Und fügt nach einer sehr kurzen Denkpause hinzu: „Außerdem bin ich auch eine sparsame Köchin."

6
MÜHLEN
TRUDEN
40'
1h30'
6
MOLINI
TRODENA
40'
1h30'
4
GSCHNON
GFRILL
1h
3h20'
4
CASIGNANO
CAURIA
1h
3h20'
MONTAN
MONTAGNA
1h
4
PINZON
PINZANO
20'

Kartoffelsuppe mit Brennnesselsamen

Für 4 Personen

ZUTATEN

4 mittelgroße Kartoffeln
½ Lauchstange (nur weißer Teil)
½ Zwiebel, in feine Würfel geschnitten
1 Knoblauchzehe, in feine Würfel geschnitten
20 g Butter oder Öl
½ l Gemüsebrühe
Salz
Pfeffer aus der Mühle
100 ml Sahne
4 TL Brennnesselsamen

Zubereitung: Kartoffeln schälen und in Würfel schneiden. Lauch putzen, in feine Ringe schneiden und zusammen mit Zwiebelwürfeln und Knoblauch in Butter anschwitzen. Kartoffeln dazugeben, mit Gemüsebrühe aufgießen, mit Salz und Pfeffer würzen und weich kochen. Im Mixer oder mit dem Pürierstab pürieren. Zum Schluss Sahne unterrühren.
Fertigstellung: In Suppenteller füllen und mit Brennnesselsamen bestreut servieren.

Bandnudeln mit Radicchio

Für 6 Personen

NUDELTEIG

300 g Mehl
200 g Hartweizenmehl
3 EL Öl
2 Eier
10 g Salz
120 ml lauwarmes Wasser

RADICCHIO

1 mittelgroßer Radicchio
50 g Butter
1 kleine Zwiebel, in feine Würfel geschnitten
2 Knoblauchzehen, fein geschnitten
2 EL Rotweinessig
100 ml Blauburgunder
100 ml Sahne
100 g Gorgonzola
1 EL Parmesan

Nudelteig: Beide Mehlsorten, Öl, Eier und Salz mischen. Nach und nach so viel lauwarmes Wasser dazugeben, bis der Teig weich ist und sich leicht auf der Arbeitsfläche kneten lässt. Teig zu einer Kugel formen und zugedeckt 30 Minuten ruhen lassen. Mit der Nudelmaschine dünn ausrollen und Bandnudeln abschneiden.
Radicchio: Radicchio waschen, in Streifen schneiden. Butter in einem Topf erhitzen, Zwiebelwürfel und Knoblauch darin anschwitzen. Radicchiostreifen dazugeben, mit Rotweinessig ablöschen und Blauburgunder angießen. Nicht zu weich dünsten. Sahne, Gorgonzola und Parmesan zufügen und bei kleiner Hitze so lange in der Pfanne schwenken, bis der Käse geschmolzen und die Soße schön cremig ist.
Fertigstellung: Nudeln in kochendes Salzwasser geben und so lange köcheln lassen, bis sie wieder an die Oberfläche kommen. Nudeln zum Radicchio geben, alles gut durchschwenken. Auf Tellern anrichten und servieren.

Tipps

Wenn man Radicchio vor dem Zubereiten ungefähr 1 Stunde in warmes Wasser legt, dann verringert sich sein bitterer Geschmack.
Statt des Blauburgunders können Sie auch einen anderen Rotwein verwenden, z. B. Cabernet oder Merlot.

Kasnocken mit Speck-Kraut-Salat

Für 8 Personen

KASNOCKEN

400 g Knödelbrot
100 ml lauwarmes Wasser
3 Eier
300 g verschiedene Käsesorten (z. B. Bergkäse, Edamer, Gorgonzola, geriebener Parmesan)
4 EL Öl
1 Zwiebel, in feine Würfel geschnitten
½ Lauchstange, fein geschnitten
½ TL Knoblauch, fein geschnitten
1 EL Petersilie, fein gehackt
1 EL Mehl
Salz
Pfeffer aus der Mühle

SPECK-KRAUT-SALAT

1 kleiner Weißkohl
150 g Speck
8 EL Öl
Salz
Pfeffer aus der Mühle
1 TL Kümmel
4 EL Weißweinessig

ZUM ANRICHTEN

Parmesan, gerieben
Butter, zerlassen
Petersilie, gehackt

Kasnocken: Knödelbrot in eine Schüssel geben. Mit lauwarmem Wasser übergießen. Eier verquirlen, Käse in Würfel schneiden und dazugeben. Mit dem eingeweichten Weißbrot vermischen und ungefähr 1 Stunde ruhen lassen. Öl in einer Pfanne erhitzen, Zwiebelwürfel und Lauch darin goldgelb anbraten, Knoblauch dazugeben und nur kurz mitbraten. Zusammen mit Petersilie und Mehl zur Knödelmasse geben, salzen und pfeffern und alles gut durchmischen. Noch einmal 15 Minuten ruhen lassen. Mithilfe eines Esslöffels aus der Masse Nocken formen. In reichlich kochendem Salzwasser ungefähr 10 Minuten bei mittlerer Hitze kochen lassen.

Speck-Kraut-Salat: Weißkohl fein hobeln, Speck in dünne Streifen schneiden. Öl in einer Pfanne erhitzen und Speck darin knusprig anbraten. Zum Kraut geben. Salzen, pfeffern und mit Kümmel würzen. Weißweinessig darübergießen und alles gut vermischen.

Fertigstellung: Speck-Kraut-Salat auf Tellern oder einer Servierplatte anrichten, Kasnocken darauflegen, mit geriebenem Parmesan bestreuen und mit zerlassener Butter beträufeln. Mit Petersilie garnieren.

Tipp

Kneten Sie den marinierten Speck-Kraut-Salat ruhig kräftig mit der Hand durch, er wird dadurch schön weich.

Erdäpfelteigtaschen mit Almkäse

Für 6 Personen

TEIG

500 g mehlige Kartoffeln
2 kleine Eier
20–30 g Parmesan
10 g Salz
Pfeffer aus der Mühle
150 g Mehl

FÜLLUNG

½ kleine Zwiebel, in feine Würfel geschnitten
1 Knoblauchzehe, fein geschnitten
40 g Butter
150 g würziger Almkäse (z. B. Pustertaler oder Vinschgauer)
100 g Mascarpone
Salz
Pfeffer aus der Mühle

ZUM ANRICHTEN

100 g Butter, zerlassen
4 EL Parmesan, gerieben
4 EL Walnüsse, gehackt
2 EL Schnittlauch, fein geschnitten

Teig: Kartoffeln schälen und in Salzwasser weich kochen. Durch die Kartoffelpresse drücken und mit Eiern und Parmesan verrühren. Mit Salz und Pfeffer würzen. Mehl unter die Kartoffelmasse ziehen und Teig auf einer bemehlten Arbeitsfläche ungefähr 1 cm dick ausrollen. Mit einem Ausstecher Kreise (9 cm Ø) ausstechen.

Füllung: Zwiebelwürfel und Knoblauch in Butter anschwitzen. Käse in Würfel schneiden und mit Mascarpone, gedünsteten Zwiebeln und Knoblauch verrühren. Mit Salz und Pfeffer würzen.

Fertigstellung: Mit einem Teelöffel etwas Füllung auf die obere Hälfte der Teigkreise setzen. Die untere Hälfte darüberklappen, sodass Halbmonde entstehen. Teigränder festdrücken und Teigtaschen in reichlich kochendem Salzwasser bei mittlerer Hitze so lange köcheln lassen, bis sie an die Oberfläche kommen. Teigtaschen auf Tellern oder einer Servierplatte anrichten. Mit zerlassener Butter beträufeln, mit Parmesan, gehackten Walnüssen und Schnittlauch bestreuen.

Hirschgulasch mit Polenta

Für 6 Personen

HIRSCHGULASCH

- 600 g Hirschschulter
- Salz
- Pfeffer aus der Mühle
- 2 EL Öl
- 1 große Zwiebel, in feine Würfel geschnitten
- 2 Knoblauchzehen, fein geschnitten
- 1 Karotte, in feine Würfel geschnitten
- 2 Stangen Staudensellerie, in feine Würfel geschnitten
- 1 Tomate, in Würfel geschnitten
- 300 ml Lagrein
- ½ l Rindsuppe
- 1 Zweig Rosmarin
- 1 Lorbeerblatt
- 4 Salbeiblätter
- 1 Zweig Thymian
- 15 Wacholderbeeren
- 1 EL Mehl
- 2 EL Wasser

POLENTA

- 600 ml Rindsuppe oder Wasser
- 120 g grobes Polentamehl
- 50 g Parmesan
- 50 g Butter

Hirschgulasch: Hirschschulter in Würfel schneiden, mit Salz und Pfeffer würzen, Öl in einer Pfanne erhitzen. Fleisch scharf anbraten, Zwiebelwürfel, Knoblauch, Karotte und Staudensellerie dazugeben und mitbraten. Tomatenwürfel zufügen und so lange braten, bis alles schön gebräunt ist. Mit Lagrein ablöschen, einreduzieren lassen und mit Rindsuppe auffüllen. Rosmarin, Lorbeerblatt, Salbei, Thymian und Wacholderbeeren dazugeben und alles so lange bei schwacher Hitze köcheln lassen, bis das Fleisch schön weich ist. Gewürze herausnehmen, Mehl mit Wasser anrühren und Soße damit binden.

Polenta: Rindsuppe zum Kochen bringen, Polentamehl langsam mit einem Schneebesen einrühren, damit keine Klumpen entstehen. Weiterrühren, bis die Polenta fest ist. Bei schwacher Hitze und gelegentlichem Umrühren ungefähr 1 Stunde köcheln lassen. Parmesan und Butter unterrühren.

Fertigstellung: Hirschgulasch zusammen mit Polenta auf Tellern anrichten und servieren.

Tipps

Geben Sie die Gewürze einfach in einen Tee- oder Kaffeefilter, dann lassen sie sich nach dem Garen leichter entfernen.

Damit das Fleisch schön braun wird, muss es bei sehr großer Hitze angebraten werden. Geben Sie das Fleisch nur portionsweise in die Pfanne, sonst wird diese zu kalt und das Fleisch brät nicht richtig.

Wenn Sie Instant-Polentamehl verwenden, beträgt die Garzeit nur 5 Minuten. Wollen Sie eine recht flüssige Polenta, dann nehmen Sie einfach mehr Flüssigkeit oder weniger Polentamehl.

Zu Hirschgulasch, aber auch zu anderen Wildgerichten kann man außerdem Blaukraut oder mit Preiselbeeren gefüllte Birnen servieren.

Kloatznkrapfen

Für 40 Stück

TEIG
500 g Mehl
150 ml Bier
125 g Butter
40 ml Grappa
20 ml Rum
4 g Salz

FÜLLUNG
10 kleine Birnen
5 EL Honig
1 TL Zimt

WEITERES
Öl

ZUM ANRICHTEN
Staubzucker

Teig: Alle Zutaten gut zu einem Teig verkneten und zugedeckt 1 Stunde ruhen lassen.
Füllung: Birnen vierteln, entkernen und im Dörrapparat ungefähr 5 Stunden trocknen lassen. Halb getrocknete Früchte mit Honig und Zimt mischen und in der Moulinette zerkleinern.
Fertigstellung: Krapfenteig halbieren und mit dem Nudelholz dünn auswalzen. Auf die eine Teigplatte die Kloatznfüllung streichen, die andere Teigplatte darauflegen. Mit dem Teigrad quadratische oder rechteckige Krapfen abradeln. In heißem Öl schwimmend auf beiden Seiten goldbraun backen. Während des Backens mit einer Kelle immer wieder Fett über die Krapfen gießen, damit sie sich aufblähen. Krapfen auf Küchenpapier abtropfen lassen und mit Staubzucker bestreut servieren.

Tipps
Sie können die Birnen natürlich auch bei mittlere Hitze im Backrohr ungefähr 1–2 Stunden braten (wie Bratäpfel). Anschließend weiterverarbeiten, wie oben beschrieben.
Der Teig ist so weich und geschmeidig, dass er sich nach dem Austreiben mit dem Nudelholz auch noch von Hand weiter ausziehen und in Form bringen lässt, falls er nicht dünn genug sein sollte oder eine Teigplatte kleiner ist als die andere.
Sie können aus dem Teig auch süße Kloatznschlutzkrapfen machen. Dazu setzt man in regelmäßigen Abständen etwas Füllung auf den dünn ausgerollten Teig, klappt einen zweiten Teigstreifen darüber, drückt die Ränder fest an und sticht mit einem Ausstecher Schlutzkrapfen (7 cm Ø) aus. In reichlich kochendem Salzwasser köcheln lassen, bis sie wieder an die Oberfläche kommen. Auf Tellern anrichten, mit Zimt und Zucker bestreuen und mit zerlassener Butter beträufeln.

Krapfen und Konsorten

Die Namen sind seltsam: „Hosnearln", „Niggilan" oder „Tirtlan". Die Formen sind vielfältig, die Füllungen ebenso. Fettgebackenes gab es für die Bauern früher nur am Sonntag, als Abwechslung zum harten Brot. Germgebäck blieb Feiertagen vorbehalten. Blieb was übrig vom Festmahl, verzehrte man es am nächsten Tag zum Kaffee.

Linzer Schnitten

Für 12 Stück

ZUTATEN

350 g Mehl
250 g Butter
250 g Haselnüsse, gemahlen
250 g Zucker
3 große Eier
1 Pkg. Backpulver
3 EL Lebkuchengewürz
1 Pkg. Vanillezucker
250 g Preiselbeer- oder Ribislmarmelade

Zubereitung: Alle Zutaten in einer Schüssel vermischen und mit den Händen zu einem Teig verkneten. Zwei Drittel des Teigs mit dem Nudelholz zu einer Teigplatte ausrollen und auf ein gefettetes und bemehltes Backblech legen. Mit Marmelade bestreichen. Aus dem restlichen Teig Röllchen formen und als Gitter auf die Marmeladenschicht legen. Im vorgeheizten Backrohr bei 180 °C backen.

Tipp

Die Zutaten für den Teig müssen alle Zimmertemperatur haben.

Kinig / *Benedikta Zwerger Pechlaner*

Apfelkiechl und Carpaccio

„Eher eklektisch" sei ihre Auswahl von Gerichten für den Buschenschank, meint Benedikta Zwerger, seit Beginn der 1990er-Jahre Bäuerin auf dem Hof Kinig. Früher, als sie nur für die vier Kinder, ihren Mann Werner Pechlaner und für die Erntehelfer das Essen machte, habe sie italienisch gekocht, sagt die auf Ölgemälde spezialisierte Restauratorin – wie sie es von ihrer aus Rom stammenden Mutter gelernt hatte oder auch von ihrer „zia Giò", der Tante Giovanna mit ihrer außergewöhnlichen Marmelade aus Erdbeertrauben. Seit ein paar Jahren studiert, probiert und serviert Benedikta auch Rezepte aus dem Fundus ihrer Südtiroler Verwandtschaft, der eigenen väterlichen und der angeheirateten. Denn seit dieser Zeit ist der jahrhundertealte Hof Kinig in Signat, auf halbem Weg zwischen Bozen und dem Ritten, auch ein Buschenschank. Der Rotwein kommt aus den tiefer gelegenen Rebgärten in St. Justina, der Apfelsaft aus den Obstgärten rund um den Hof in Signat, der einen fantastischen Ausblick auf die Mendel und das Überetsch bietet. Und die Speisen schließlich, die kommen aus Benediktas experimenteller Küche auf die Tische im Garten unterm alten Nussbaum oder in der wunderschönen alten Stube.

Familienrezepte aus Rom und Südtirol inspirieren Benedikta Zwerger vom Kinig

In alten Südtiroler Urkunden taucht der Hofname „Kinig" auch als „Künig" oder „König" auf, er deutet auf Landwirtschaft für die lokale Aristokratie hin. Wegen seiner einmaligen Wasserzufuhr auf den trockenen Bergflanken des Rittens war der Hof um 1700 weitum bekannt für besonders gutes Mehl aus der eigenen Mühle. Die ist jetzt restauriert und elektrifiziert und liefert vielleicht bald das Mehl fürs eigene Brot. Die Schwerpunkte der Produktion liegen freilich bei Äpfeln, Wein und auf der Viehzucht.

Benedikta ist eine Köchin, die als Kind zweier Kulturen diese Vielfalt mit Intuition und Verstand nutzt. Sie verwertet die Äpfel als Saft – in Flaschen mit selbst gemalten Etiketten –, als Kiechl, Strudel oder als Kuchenbelag wie bei der „Zufallstarte", deren bildschöner zweifarbiger Belag schlicht aus dem Mangel an genügend reifen Zwetschgen entstanden ist. Sie macht bikulturelle Gemeinschaftsessen, bei denen alle wie seit alters her aus einer Pfanne oder von einer Platte löffeln: das „Woaznmuas mit Hollermulla" vom Ritten, den sahnig süßen Kastanienberg „Monte Bianco" aus Italien. Rosmarin und Lorbeer sind die Kräuter, die Benediktas Küche kulinarisch und symbolisch zusammenhalten. „Signat ist eine vertikale Streusiedlung mit verschiedenen Klimazonen", erklärt die gebildete Bäuerin, „von einer Freundin, die am unteren Ende von Signat wohnt, bekomme ich hier oben fast das ganze Jahr lang frische Mittelmeerkräuter."

Eigenprodukte
prodotti propri

Brennnesselknödel

Für 8 Personen

ZUTATEN

600 g Brennnesseln
400 g Knödelbrot
2 Zwiebeln, in feine Würfel geschnitten
2 Knoblauchzehen, fein geschnitten
2 EL Sonnenblumenöl
700 ml lauwarme Milch
4 Eier
Salz
Pfeffer aus der Mühle

ZUM ANRICHTEN

Parmesan
Schnittlauch
150 g Butter, zerlassen

Zubereitung: Brennnesseln waschen und klein schneiden. Knödelbrot in eine Schüssel geben. Zwiebeln und Knoblauchzehen in Sonnenblumenöl anschwitzen. Zusammen mit Brennnesseln, Milch, Eiern, Salz und Pfeffer zum Knödelbrot geben und alles gut vermischen. Den Knödelteig zugedeckt 15–30 Minuten ruhen lassen. Aus der Masse Knödel formen und in reichlich kochendem Salzwasser ungefähr 15 Minuten sieden lassen.
Fertigstellung: Knödel auf Tellern oder einer Servierplatte anrichten, mit geriebenem Parmesan und Schnittlauch bestreuen und mit zerlassener Butter beträufeln.

Tipp

Ziehen Sie sich beim Waschen und Schneiden der Brennnesseln Handschuhe an, dann vermeiden Sie den Kontakt mit den Brenn- und Borstenhaaren.

Milchkalbsbraten mit frischen Kräutern

Für 8 Personen

ZUTATEN

1½ kg Kalbsschulter oder -schlegel
Olivenöl
Salz
10 Salbeiblätter
1 Zweig Rosmarin
3 Zweige Thymian
5–6 Knoblauchzehen

Zubereitung: Kalbfleisch in Olivenöl (in einem Bräter) auf allen Seiten gut anbraten, salzen. Salbei, Rosmarin, Thymian und Knoblauch dazugeben. In das vorgeheizte Backrohr schieben und dort ohne Deckel bei 150 °C ungefähr 1½ Stunden garen. Gegen Ende der Garzeit mit Alufolie oder dem Bräterdeckel abdecken. Im geöffneten und ausgeschalteten Backrohr ungefähr 10 Minuten ruhen lassen.
Fertigstellung: Fleisch in Scheiben schneiden, auf Tellern anrichten und servieren.

Tipp

Als Beilage eignet sich Vollkornreis.

Spanferkel mit Erdäpfeln

Für 15–20 Personen

SPANFERKEL

½ Spanferkel
grobes Salz
6 Knoblauchknollen
¼ l Öl
4–5 Zweige Rosmarin

ERDÄPFEL

1,5–2 kg festkochende Kartoffeln
Rosmarinsalz
Schweineschmalz

Spanferkel: Spanferkel zerlegen und Fleisch salzen. Knoblauchknollen halbieren. Öl in einen Bräter geben, Fleisch, halbierten Knoblauch und reichlich Rosmarin dazugeben und in das vorgeheizte Backrohr schieben. Bei 250 °C so lange braten, bis das Fleisch schön braun ist. Dann die Temperatur auf 150–180 °C senken. Gut 2 Stunden weiterbraten. Am Ende der Garzeit, unmittelbar vor dem Servieren, nochmals kurz auf höchster Stufe erhitzen, damit die Kruste schön knusprig wird.
Erdäpfel: Kartoffeln waschen und kräftig bürsten. In Salzwasser je nach Sorte und Größe 30–40 Minuten kochen lassen. Abgießen, in mittelgroße Würfel schneiden und mit Rosmarinsalz bestreuen. In Schweineschmalz braten, bis sie goldbraun sind.
Fertigstellung: Fleisch zusammen mit Kartoffeln auf Tellern oder einer Servierplatte anrichten und servieren.

Tipps

Lassen Sie sich das Spanferkel vom Metzger fachgerecht zerlegen.
Zarte Teile wie Rippchen brauchen nicht so lange. Man kann sie nach zwei Dritteln der Garzeit herausnehmen und so lange warm halten, bis die übrigen Teile gar sind. Dann zurück in den Bräter geben und noch einmal kurz erhitzen.
Rosmarinsalz können Sie selber herstellen. Füllen Sie dazu ein Einweckglas mit feinem oder grobem Salz und geben Sie frische Rosmarinnadeln dazu. Das Glas fest verschließen. Mit dem Rosmarinsalz können Fleisch, aber auch Fisch und Gemüse gewürzt werden.

Woaznmuas mit Hollermulla

Für 4 Personen

WOAZNMUAS

500 ml Milch
1 Prise Salz
70 g Weizenvollkornmehl
Butter

HOLLERMULLA

1 kg reife Hollerbeeren
2–3 Äpfel (z. B. Jonagored)
2–3 EL Zucker

Woaznmuas: Milch in einer Eisenpfanne (21 cm Ø) erhitzen, salzen. Mehl langsam dazugeben. Alles bei schwacher Hitze so lange köcheln lassen, bis sich am Pfannenboden eine braune Kruste bildet. Butter in einem Topf zerlassen und über das Muas gießen.

Hollermulla: Hollerbeeren im Dampfentsafter entsaften. Äpfel schälen und in Spalten schneiden. Zusammen mit Hollersaft und Zucker in einen Topf geben und so lange auf kleiner Flamme kochen, bis eine marmeladenartige Konsistenz erreicht ist.

Fertigstellung: Muas in der Pfanne servieren. Hollermulla dazu reichen.

Tipps

Muas kann man aus verschiedenen Mehlsorten machen. So kann man hier zum Beispiel die Hälfte des Weizenvollkornmehls durch normales Weizenmehl oder Schwarzplent-Mehl ersetzen.

Die echten Muas-Pfannen sind aus Eisen, ihr Boden ist nicht vollständig eben. Die erwünschte braune Kruste am Pfannenboden, die dem Gericht seine besondere Note gibt, kann man bei einem Kochherd mit Ceranfeld nur in der Pfannenmitte erreichen, wo der Boden plan aufliegt. Am besten schmeckt das Muas, wenn es, wie in alten Zeiten, auf einem Holzherd zubereitet wird.

Vorsicht beim Entsaften der Hollerbeeren, da sie schwarze Flecken hinterlassen, die nur schwer zu entfernen sind.

Eins für alle

Einst kam die Muas-Pfanne fast täglich auf den Bauerntisch. Der sättigende Milchbrei ist das typische Südtiroler Gemeinschaftsgericht – alle löffeln direkt aus der Pfanne, jeder an seinem Platz, von dem aus man sich mit Bedacht zur „Scharre“ am Pfannengrund vorarbeitet, zur braunen Kruste, die den weichen Brei erst so richtig schmackhaft macht. Die Bäuerinnen machen das Muas aus Weizenmehl oder stärker quellendem Mehl aus Schwarzplent. Unverzichtbar ist eine opulente Lage hellbrauner zerlassener Butter auf dem Muas. Die Beilagen variieren: Die Ultner essen eine Birne dazu, die Rittner „Hollermulla“, ein Kompott aus reifen Hollerbeeren.

Kinigschmarren mit gedörrten Zwetschgen

Für 4 Personen

ZUTATEN

6 gedörrte Zwetschgen, entsteint
190 g Mehl
300 ml Milch
4 Eigelb
1 Prise Salz
4 Eiweiß
Öl oder Butterschmalz

ZUM ANRICHTEN

2 EL Zucker

Zubereitung: Zwetschgen in kleine Stücke schneiden und in etwas warmem Wasser einweichen.
Mehl, Milch, Eigelb und Salz verrühren. Eiweiß steif schlagen und vorsichtig unter die Masse heben. Öl in einer Pfanne (30 cm Ø) erhitzen. Masse in die Pfanne geben und so lange braten, bis die Unterseite goldgelb ist. Die Zwetschgenstücke aus dem Wasser nehmen und trocken tupfen. Über den Schmarren streuen. Anschließend Schmarren wenden, Hitze reduzieren, in Stücke reißen und goldbraun braten. Mit Zucker bestreuen.
Fertigstellung: Auf Tellern anrichten oder in der Pfanne servieren.

Tipp

Stechen Sie mit einer Gabel oder einer Stricknadel in den Schmarren, um zu prüfen, ob er gut durchgebraten ist.

Omeletten mit Preiselbeermarmelade

Für 4 Personen

ZUTATEN

350 g Mehl
600 ml Milch
4–5 Eier
1 Prise Salz
Öl oder Butterschmalz

ZUM ANRICHTEN

Preiselbeermarmelade
Staubzucker

Zubereitung: Mehl, Milch, Eier und Salz verrühren, Teig ungefähr 10 Minuten ruhen lassen. Etwas Öl in einer Pfanne (30 cm Ø) erhitzen. Mit einer Schöpfkelle den Teig portionsweise in die Pfanne geben. Dabei die Pfanne schwenken, damit der Teig gleichmäßig verläuft. Omeletten auf beiden Seiten goldgelb backen. Mit Preiselbeermarmelade bestreichen, zusammenklappen und mit Staubzucker bestreuen.
Fertigstellung: Auf Tellern anrichten und warm servieren.

Kastanienreis mit Sahne „Monte Bianco"

Für 4 Personen

ZUTATEN

750 g Kastanien
1½ l Wasser
¼ l Milch
Salz
1 Lorbeerblatt
60 g bitterer Kakao
100 g Zucker
2 EL Rum

ZUM ANRICHTEN

250 ml Sahne, geschlagen

Zubereitung: Kastanien mit einem Messer einritzen. In einem Kochtopf mit Wasser auf kleiner Flamme mindestens 1 Stunde kochen lassen. Abgießen, halbieren und Fruchtfleisch mit einem Löffel aus der Schale kratzen. Die gekochten Kastanien pürieren, dabei nach und nach nur so viel Milch zugeben, dass eine cremige Masse entsteht. Zusammen mit Salz und Lorbeerblatt unter ständigem Rühren auf kleiner Flamme ganz kurz aufkochen. Eventuell noch etwas Milch zugeben, damit die Masse nicht anbrennt. Zucker, Kakao und Rum dazugeben und gut unterrühren.
Fertigstellung: Die Masse mit der Kartoffelpresse auf eine Servierplatte drücken, zu einem Berg formen und mit geschlagener Sahne garnieren.

Zufallstarte

Für 12 Stück

ZUTATEN

300 g Mehl
200 g Butter
100 g Zucker
2 Eigelb
1 Prise Salz
500 g Zwetschgen
500 g Äpfel (z. B. Jonagored)

Zubereitung: Mehl, Butter, Zucker, Eigelb und Salz gut verkneten. Teig im Kühlschrank mindestens 1 Stunde ruhen lassen. Teig ausrollen und damit eine Tarteform (33 cm Ø) auslegen. Zwetschgen entsteinen und halbieren, Äpfel in Spalten schneiden, Kernhaus entfernen. Tarteform abwechselnd mit Äpfeln und Zwetschgen belegen. Im vorgeheizten Backrohr bei 200 °C 5 Minuten backen, dann Temperatur auf 150 °C reduzieren und weitere 15 Minuten backen.

Tipp

Sie können die Tarte natürlich auch mit anderem Obst oder nur mit einer Obstsorte belegen.

Crostata della zia Giò – Gitterkuchen mit Erdbeertraubenmarmelade

Für 12 Stück

ZUTATEN

270 g Mehl
135 g Butter
115 g Zucker
4 Eigelb
1 Prise Salz
1 Glas Erdbeertraubenmarmelade

Zubereitung: Mehl, Butter, Zucker, Eigelb und Salz gut verkneten. Teig im Kühlschrank mindestens 1 Stunde ruhen lassen. Vom Teig ⅔ ausrollen und damit eine Kuchenform (24 cm Ø) auslegen, ⅓ des Teigs für das Gitter beiseitestellen. Teigboden mit Erdbeertraubenmarmelade bestreichen. Aus dem restlichen Teig dünne Rollen formen und in Gitterform auf die Marmeladenschicht legen. Im vorgeheizten Backrohr bei 200 °C 10 Minuten backen, dann Temperatur auf 150 °C reduzieren und weitere 20 Minuten backen.

Tipp

Für die Erdbeertraubenmarmelade brauchen Sie 1 kg Erdbeertrauben und 400 g Zucker. Beeren der Erdbeertrauben in einen Topf geben und kurz aufkochen. Durch ein Tuch passieren und Saft mit Zucker nochmals kurz aufkochen lassen, heiß in sterile Gläser füllen und verschließen. Die Menge reicht für 5 Gläser à 250 g.

Apfelkiechl

Für 4 Personen

ZUTATEN

150 g Mehl
2 Eigelb
⅛ l Weißwein
1 Prise Salz
1 El Obstler
2 Eiweiß
3–4 Äpfel
Öl

ZUM ANRICHTEN

1 EL Zucker
½ TL Zimt

Zubereitung: Mehl, Eigelb, Weißwein, Salz und Obstler zu einem glatten Teig verrühren. Eiweiß steif schlagen und unter die Masse heben. Von den Äpfeln das Kernhaus ausstechen. Äpfel im ungefähr 1 cm dicke Scheiben schneiden, Apfelscheiben einzeln durch den Teig ziehen. In heißem Öl schwimmend ausbacken. Herausnehmen und auf einem Küchenpapier abtropfen lassen. Zucker und Zimt vermischen und die Apfelkiechl damit bestreuen.

Apfelstrudel mit Walnüssen und gedörrten Zwetschgen

Für 12 Stück

ZIEHTEIG

250 g feines Mehl
⅛ l lauwarmes Wasser
1–2 EL Öl
2 Eigelb

FÜLLUNG

100 g gedörrte Zwetschgen
8 mittelgroße Äpfel (z. B. Jonagored oder Golden Delicious)
100 g Walnüsse, gehackt
1 unbehandelte Zitrone, Schale abgerieben
etwas Zitronensaft
50 g Semmelbrösel
1 Tl Zimt
50 g Zucker

WEITERES

50 g Butter, zerlassen

Ziehteig: Mehl, Wasser, Öl und Eigelb zu einem glatten, geschmeidigen Teig verkneten, 1 Stunde bei Zimmertemperatur ruhen lassen. Auf einem bemehlten Tuch ausrollen, mit den bemehlten Handrücken unter den Teig greifen und von der Mitte aus zu den Tuchkanten hin vorsichtig ausziehen, bis der Teig fast durchsichtig und so dünn wie Papier ist.

Füllung: Gedörrte Zwetschgen in kleine Stücke schneiden und in etwas warmem Wasser einweichen. Äpfel entkernen und in kleine Würfel schneiden, mit Zwetschgenstücken, gehackten Walnüssen, Zitronenschale und Zitronensaft, Semmelbröseln, Zimt und Zucker mischen. Füllung 30 Minuten ruhen lassen.

Fertigstellung: Füllung auf dem Teig verteilen. Mithilfe des Tuches aufrollen, Enden umklappen und gut festdrücken. Strudel auf ein gefettetes und bemehltes Backblech geben, mit zerlassener Butter bestreichen und im vorgeheizten Backrohr bei 170–180 °C ungefähr 40 Minuten backen.

Röck / *Frieda Augschöll*

Kochen mit Wein, Speisen zum Wein

Auf dem Röckhof in Villanders macht Frieda Augschöll mit Klassikern der Eisacktaler Küche das Törggelen zum Hochgenuss

Winzer Konrad Augschöll geht eigene Wege. In seinen 3,5 Hektar Weingärten wachsen die weißen Rebsorten Sylvaner, Müller-Thurgau, Gewürztraminer, Pinot Grigio und Riesling sowie die rote Sorte Zweigelt. Doch er begnügt sich nicht mit der Eisacktaler Tradition sortenreinen Ausbaus, er macht auch Cuvées. Sein Anwesen auf 650 Metern Höhe liegt am sonnigen Steilhang des Villanderer Bergs, es ist ein Erbhof, seit mehr als 200 Jahren im Familienbesitz. Außergewöhnlich ist die Unterwelt des Röckhofs. Das alte, im 16. Jahrhundert erbaute Bauernhaus verbindet ein unterirdischer Gang mit dem neuen Wohnhaus von 1988, der die Besucher entführt, in neue Keller für Wein und in alte Lager für Erdäpfel und Sauerkraut, für Speck und Kaminwurzen, die in der rußigen Küche des alten Röckhofs noch selbst geräuchert werden.

„Wir machen auch die Hauswürste selbst und Graukäse aus Milch von den Kühen der Schwägerin. Wir brennen eigene Schnäpse – Latscheler, Nusseler, Zwetschgeler, Treber, Marillen- und Schwarzbeerschnaps“, beschreibt Frieda Augschöll das beeindruckende Hofsortiment. Auch einen eigenen Kräutergarten pflegt die passionierte Bäuerin. Und die Eisacktaler Küchentradition: mit Rotweintorte, Weißweinsuppe oder Villanderer Karpfen, die sie mit vier verschiedenen Marmeladen sowie mit einer Mohn- und einer Nussfüllung ausbäckt.

Frieda ist auf einem Hof aufgewachsen, hat aber vor der Heirat mit Konrad im Gastgewerbe gearbeitet. Das Kochen ist nicht ihre einzige Leidenschaft. „Mir gefällt die Abwechslung. Die Arbeit im Weingarten und im Keller, die Zimmervermietung und der Weinverkauf – langweilig ist es nie!“, sagt sie. Die arbeitsintensivste Zeit ist der Herbst, wenn der Wein gelesen wird und jede Menge Gäste zum Törggelen in den Hofschank kommen.

Früher einmal, als die Weinliebhaber sich ganz gemütlich persönlich bei den Winzern des Vertrauens einfanden, um zu probieren, ob der neue Wein auch gut geraten sei, da aß man zur Verkostung Nüsse, gebratene Kastanien, vielleicht auch Geräuchertes und harte Brocken vom Bauernbrot. Längst dampft und brodelt es zur Törggelezeit in den Küchen der Buschenschanken, denn zum Weinprobieren erwartet jeder einen opulenten Schmaus. Also helfen alle mit auf dem Röckhof – Sohn, Tochter und die Altbauern Augschöll, damit auch Frieda auftischen kann: Gerstsuppe, ein Tris von Schlutzkrapfen, Kas- und Spinatnocken, Rippelen, Surfleisch, aber auch allerlei Gebackenes. Zum Törggelen passt der Buschenschankwein vom Röckhof am besten. Die Flaschenweine und die Schnäpse gibt es das ganze Jahr ab Hof zu kaufen. Anruf genügt. „Meistens bin ich eh da“, sagt Frieda.

ROCK-HOF

Eisacktaler Weißweinsuppe

Für 4 Personen

ZUTATEN

4 Scheiben Toastbrot, ohne Rinde
1 EL Butter
¼ l Rindsuppe (siehe Seite 85)
½ l Weißwein (z. B. Riesling oder Müller-Thurgau)
3 Eigelb
80 ml Sahne
Salz
1 Msp. Muskat
1 Msp. Zimt

ZUM ANRICHTEN

250 ml Sahne, geschlagen

Zubereitung: Toastbrot in kleine Würfel schneiden, in Butter goldgelb braten, auf Küchenpapier abtropfen lassen.
Rindsuppe erhitzen und zusammen mit Weißwein in eine Metallschüssel geben. Eigelb und Sahne verrühren und in die Suppe geben. Auf dem heißen Wasserbad erhitzen und so lange mit dem Schneebesen schlagen, bis die Suppe schön cremig ist. Mit Salz, Muskat und Zimt abschmecken.
Fertigstellung: Suppe in Teller gießen und mit den Brotcroûtons servieren.

Tipp

Wenn Sie die Eier-Sahne-Mischung zur Suppe geben, dann darf diese auf keinen Fall mehr kochen, da sonst das Eigelb gerinnt. Deshalb muss die Suppe unbedingt auf dem Wasserbad cremig aufgeschlagen werden.

Wein muss sein

Weinreben wachsen in Südtirol seit der Römerzeit, der Rebensaft ist durch die Jahrtausende zum festen Bestandteil der traditionellen Küche geworden. Auf den Höfen trank man einst den „Leps", einen minderwertigen Wein. Die nobleren Gewächse blieben der feinen Gesellschaft von Adel und Kirche vorbehalten. Heute haben die Weinliebhaber im kleinsten, aber facettenreichsten Weinbaugebiet Italiens die Qual der Wahl zwischen Rot- und Weißweinen aus rund 20 Traubensorten. Überall verbreitet, aber je nach Bodenbeschaffenheit und Klima unterschiedlich ausgeprägt sind die Weine aus der Vernatschrebe, der traditionsreichsten Sorte Südtirols. Die Urgesteinsböden des Eisacktals gelten als ideales Terroir für Weißweine wie Kerner, Sylvaner, Müller-Thurgau oder Riesling. In Bozen und im Unterland ist der autochthone Lagrein zu Hause, den es als dunklen Rot- und als Roséwein (Kretzer) gibt. Im Süden ist Tramin die Heimat des international verbreiteten Gewürztraminers. Dort befinden sich auch die Hochburgen des Blauburgunders, die Dörfer Mazon und Montan. Und die am höchsten gelegenen Weinberge: Auf dem Fennberg hoch über Margreid wurzeln Müller-Thurgau-Reben auf über 1000 Metern.

Tris von Schlutzkrapfen, Spinat- und Kasnocken

Für 4 Personen

SCHLUTZKRAPFEN

TEIG

200 g Mehl | 100 g Roggenmehl
3 Eier | ¼ l Milch | 2 EL Öl | Salz

FÜLLUNG

300 g Spinat
60 g Zwiebeln, in feine Würfel geschnitten
20 g Butter
2 Knoblauchzehen, fein geschnitten
¼ l Milch | 2 EL Mehl
1 Msp. Muskat
Salz | Pfeffer aus der Mühle

SPINATNOCKEN

200 g Knödelbrot
40 g Zwiebeln, in feine Würfel geschnitten
50 g Butter
1 Knoblauchzehe, fein geschnitten
1 EL Petersilie, fein gehackt
3 Eier | 100 ml Milch | 300 g Spinat
1 EL Parmesan, gerieben
1 Msp Muskat | Salz
Pfeffer aus der Mühle
1 EL Mehl

KASNOCKEN

200 g Knödelbrot
40 g Zwiebeln, in feine Würfel geschnitten
50 g Butter
1 Knoblauchzehe, fein geschnitten
1 EL Petersilie, fein gehackt
3 Eier | 100 ml Milch
100 g Bergkäse (oder Tilsiter)
1 EL Parmesan, gerieben
Salz | Pfeffer aus der Mühle
1 EL Mehl

ZUM ANRICHTEN

150 g Butter, zerlassen
60 g Parmesan, gerieben

Schlutzkrapfen: Mehl und Roggenmehl gut vermischen. Eier, Milch, Öl und Salz in einer Schüssel vermengen. Mehlmischung dazugeben und alle Zutaten gut verkneten. 30 Minuten zugedeckt ruhen lassen.
Spinat blanchieren, ausdrücken und fein hacken. Zwiebeln in Butter goldgelb dünsten, Knoblauch und Spinat dazugeben, kurz mitdünsten lassen. Mit Milch aufgießen, Mehl einrühren und mit Muskat, Salz und Pfeffer würzen. Spinat ungefähr 10 Minuten leicht köcheln lassen.
Teig mit den Händen zu dünnen Rollen formen, 1 cm dicke Scheiben abschneiden. Mit einem Nudelholz jedes Teigstück zu einem dünnen Teigblatt (ungefähr 4 cm Ø) ausrollen. Auf jedes Teigblatt 1 Teelöffel Spinatfüllung setzen. Teigblatt halbmondförmig zusammenlegen und den Rand fest andrücken. Schlutzkrapfen in reichlich kochendem Salzwasser ungefähr 5 Minuten kochen.

Spinatnocken: Knödelbrot in eine Schüssel geben. Zwiebeln in Butter goldgelb anschwitzen, Knoblauch und Petersilie zufügen und zum Weißbrot geben. Eier und Milch verquirlen und über die Brot-Mischung gießen. Spinat blanchieren, ausdrücken und fein hacken. Mit geriebenem Parmesan, Muskat, Salz und Pfeffer unter die Masse rühren. Alles gründlich vermengen und 1 Stunde zugedeckt ruhen lassen. Mehl unter die Masse rühren und mithilfe eines Esslöffels Nocken formen. In reichlich kochendem Salzwasser ungefähr 10 Minuten köcheln lassen.

Kasnocken: Knödelbrot in eine Schüssel geben. Zwiebeln in Butter goldgelb anschwitzen, Knoblauch und Petersilie zufügen und zum Weißbrot geben. Eier und Milch verquirlen und über die Brot-Mischung gießen. Käse in kleine Würfel schneiden, mit Parmesan, Salz und Pfeffer unter die Masse rühren. Alles gründlich vermengen und 1 Stunde zugedeckt ruhen lassen. Mehl unter die Masse rühren und mithilfe eines Esslöffels Nocken formen. In reichlich kochendem Salzwasser ungefähr 10 Minuten köcheln lassen.

Fertigstellung: Schlutzkrapfen, Spinat- und Kasnocken auf Tellern oder einer Servierplatte anrichten, mit zerlassener Butter beträufeln und mit Parmesan bestreuen.

Tipp

Sie können den Schlutzkrapfenteig auch mit der Nudelmaschine dünn austreiben und aus den Teigblättern mit einem Ausstecher etwa 4 cm große Kreise ausstechen.

Rotweintorte

Für 12 Stück

ZUTATEN

5 Eier
250 g Butter
250 g Zucker
1 Pkg. Vanillezucker
350 g Mehl
1 Pkg. Backpulver
1 unbehandelte Zitrone, Schale abgerieben
½ EL Zimt
1 EL Kakao
100 g Schokoladenstreusel
⅛ l Rotwein

ZUM ANRICHTEN

Staubzucker

Zubereitung: Eier trennen, Eigelb mit Butter und Zucker sehr schaumig rühren. Eiweiß steif schlagen. Mehl, Backpulver, Zitronenschale, Zimt, Kakao und Schokoladenstreusel vermischen und abwechselnd mit Eischnee und Rotwein langsam und vorsichtig unter die Eimasse rühren. Teig in eine gefetteten und bemehlte runde Backform (24 cm Ø) füllen und im vorgeheizten Backrohr bei 150 °C ungefähr 1 Stunde backen. Torte auskühlen lassen und mit Staubzucker bestreuen.

Villanderer Krapfen

Für 6 Personen

TEIG

300 g Mehl
200 g Roggenmehl
100 g Butter
¼ l Weißwein
⅛ l Milch
Salz

MARMELADENFÜLLUNG

240 g Marmelade (z. B. Marille, Apfel, Zwetschge, Preiselbeeren)

MOHNFÜLLUNG

50 g Mohn, gemahlen
30 g Semmelbrösel
1 unbehandelte Zitrone, Saft und Schale abgerieben
1 EL Zucker
2 EL warmes Wasser

NUSSFÜLLUNG

50 g Walnüsse, gemahlen
30 g Semmelbrösel
1 Pkg. Vanillezucker
1 EL Zucker
2 EL warmes Wasser

WEITERES

Öl

Teig: Beide Mehlsorten in einer Schüssel vermischen, Butter in einem Topf schmelzen lassen. Mit Weißwein, Milch und Salz zum Mehl geben. Alle Zutaten gut vermengen und zu einem Teig verkneten.
Marmeladenfüllung: Marmelade verrühren und in einen Spritzbeutel füllen. Falls die Marmelade zu fest ist, leicht erwärmen, um sie zu verflüssigen.
Mohnfüllung: Mohn, Semmelbrösel, Zitronensaft, -schale und Zucker in einer Schüssel gut miteinander vermischen. Nach und nach Wasser dazugeben, bis die Masse cremig ist.
Nussfüllung: Walnüsse, Semmelbrösel, Vanillezucker und Zucker in einer Schüssel gut vermischen. Nach und nach Wasser dazugeben, bis die Masse cremig ist.
Fertigstellung: Teig zu Rollen von etwa 2 cm Durchmesser formen. Mit einem Messer ungefähr 2 cm lange Stücke abschneiden. Einzeln mit der Nudelmaschine (mittlere Stufe) austreiben, anschließend mit dem Nudelholz zu ovalen Blättern (20 x 5 cm) ausrollen. Die Füllungen mithilfe eines Spritzbeutels auf die Teigblätter aufspritzen, und zwar als ungefähr 19 cm langen und 1 cm breiten Streifen. Teigblatt der Länge nach zusammenklappen. Die Ränder fest andrücken. In heißem Öl schwimmend goldgelb ausbacken. Herausnehmen und auf Küchenpapier abtropfen lassen. Auf einer Servierplatte anrichten und heiß servieren.

Tipps

Für das gute Gelingen des Krapfenteigs ist es wichtig, dass alle Zutaten Zimmertemperatur haben. Mohn- und Nussfüllung sollen schön cremig sein. Sie können die Menge des Wassers bei Bedarf variieren. Die hier angegebene Menge ist nur ein Richtwert.
Wenn Sie die Krapfen nur mit einer Füllung zubereiten wollen, dann müssen Sie die Mengenangaben entsprechend vergrößern.
Sie können – wie auf dem Röckhof – natürlich auch alle oben genannten Marmeladensorten verwenden, dann brauchen Sie von jeder 80 g.

Sotciastel / *Erica Clement Pitscheider*

Das ABC der Bergbauernkost

Von selbst sei sie nicht auf die Idee gekommen, Kochkurse anzubieten, gesteht die Bäuerin vom Hof Sotciastel hoch über dem Bergdorf Badia im Hochabteital: „Wer hätte sich früher getraut, einen Knödel anzubieten? Aber der Tourismusverband von Alta Badia wollte damals, vor mehr als zwanzig Jahren, Einheimische und Gäste in Kontakt bringen. Da wurde ich gefragt, ob ich den Touristen unsere Küche näherbringen könnte." Erica Clement Pitscheiders Kurse waren von Anfang an ein voller Erfolg. „Kochen ist einfach in", schmunzelt sie. Bescheidenheit in Ehren – das Erfolgsrezept gründet wohl eher in ihrer in sich ruhenden Persönlichkeit. Der ladinische Hofname Sotciastel bedeutet „unter dem Schloss". Altes Gemäuer ist freilich oberhalb des Anwesens auf 1400 Metern nirgends zu sehen. „Die Archäologen haben in der Nähe eine bronzezeitliche Siedlung gefunden", erzählt Erica, „möglicherweise haben die Vorfahren diese als ‚Schloss' bezeichnet. Konkret sagt die Fundstelle, dass wir hier an einem 3000 Jahre alten Siedlungsplatz leben." Welt- und zeitentrückt wirkt die Bergeinsamkeit von Sotciastel noch immer. Wald und Wiesen umarmen das Gehöft mit magischer Stille, sein faszinierendes vis-à-vis ist der mächtige Dolomiten-Felskoloss Gherdenacia.

Auf Sotciastel bringt Erica Clement Pitscheider Urlaubern Backen und Knödeldrehen bei

Die Familie bewirtschaftet den Bergbauernhof seit 1760. Ericas Mann, Franz Pitscheider, hält Hennen und Kühe, der Hof produziert Butter, Eier und Fleisch. Für Kontinuität ist gesorgt – eine von Ericas zwei Töchtern wird das Hoferbe antreten. Mit ihrem Mann wohnt sie hinter dem alten Bauernhaus der Eltern im eigenen neuen Haus. Wird sie von ihrer Mutter auch das Kommando am Herd übernehmen? Erica lässt diese Frage offen. Als engagierte Lehrbeauftragte für ladinische Kost rückt sie freilich großzügig Tipps fürs Kochen und Backen heraus. Zum Beispiel den Trick für die Ölkontrolle. Wer „Erdäpfelblattln" oder „Turtres", die ladinische Variation der „Tirtlan" aus dem benachbarten Pustertal, ausbacken will, muss die Öltemperatur im Griff haben. Erica rät: „Halte einen Zahnstocher ins Fett. Wenn es rund um das Holz Bläschen wirft, kannst du mit dem Backen anfangen."

Außer zu Kochkursen bittet die Bergbäuerin auf Vorbestellung auch zu rustikalen Abendessen in die alte Stube. Und serviert zu Knödeln, Krapfen oder Strudel historisches Wissen, das daran erinnert, dass in nicht allzu ferner Zeit auf den Bergbauernhöfen Schmalhans Küchenmeister war. „Blattln, Krapfen oder Turtres gab es früher nur an Sonntagen, als Alternative zum täglichen harten Brot, Germgebäck überhaupt nur an den höchsten Feiertagen", weiß die ladinische Kochlehrerin.

Alles in Butter

Wie erkennt man echte Bauernbutter? Auf den ersten Blick an der schönen Form. Die Bäuerinnen verwenden meist uralte hölzerne Buttermodel mit geschnitzten Ornamenten, um kompakte Butterstücke zu formen. Auf den Seh- folgt der Geschmackstest. Weil der Rahm von nicht pasteurisierter Kuhmilch abgeschöpft wird, schmeckt frische Bauernbutter nie gleich. Im Winter, wenn die Kühe Heu fressen, ist der Geschmack sehr zart, die Farbe fast weiß. Im Sommer macht das frische Weidegras, besonders aber das kräuterreiche Almgras, die Butter außergewöhnlich aromatisch und goldgelb. Schmiert man Bauernbutter aufs Brot, kann man winzige, milchig weiße Tröpfchen aus der Masse sprühen sehen. Im Kühlschrank wird echte Bauernbutter ziemlich fest. Frische und Haltbarkeit sind begrenzt, aber das ist kein Problem. Denn die Butter vom Hof schmeckt zu gut, um alt zu werden.

Spinatknödel

Für 6 Personen

ZUTATEN
- **300 g Spinat**
- **1 Zwiebel, in feine Würfel geschnitten**
- **1 Knoblauchzehe, fein geschnitten**
- **1 EL Butter**
- **3 zwei Tage alte Semmeln, in Würfel geschnitten**
- **3 Eier**
- **1 Msp. Muskat**
- **⅛ l Milch**
- **1–5 EL Mehl**

ZUM ANRICHTEN
- **6 EL Parmesan, gerieben**
- **50 g Butter, zerlassen**

Zubereitung: Spinat blanchieren, gut ausdrücken und fein hacken. Mit Zwiebelwürfeln und Knoblauch in Butter anschwitzen. Weißbrot, Eier und Muskat dazugeben und alles gut vermischen. Milch dazugeben. Wenn der Teig zu feucht ist, nach und nach Mehl untermengen. Masse ungefähr 15 Minuten ruhen lassen. Anschließend daraus Knödel formen und in reichlich kochendem Salzwasser 10–15 Minuten kochen.
Fertigstellung: Auf Tellern oder einer Servierplatte anrichten. Mit Parmesan bestreuen und mit zerlassener Butter beträufeln.

Tipps

Zu Spinatknödeln passt am besten ein frischer Blattsalat.
Die optimale Konsistenz der Knödelmasse hängt von der Trockenheit das Brotes, der Feuchtigkeit das Spinats und der Größe der Eier ab. Falls die Masse zu trocken sein sollte, geben Sie einfach etwas Milch dazu. Sollte sie jedoch zu feucht sein, dann kneten sie etwas Mehl unter. Machen Sie einen Probeknödel, damit Sie sicher sind, dass die Knödel beim Kochen nicht zerfallen.

Eine runde Sache

„Knödel, Nocken, Nudeln und Plenten sind die vier Tiroler Elementen“, sagt ein Sprichwort. Primus inter pares ist der Knödel. Das Nationalgericht tauchte vor mehr als 1000 Jahren erstmals in Pergamentschriften auf. Das erste Bild, ein Fresko aus dem 13. Jahrhundert auf Schloss Hocheppan, zeigt eine Knödel essende Klosterfrau. Der Knödel schwimmt in der Rindsuppe oder im Gulasch, er liegt neben Braten, Kraut und Salat. Er passt sich sowohl den Jahreszeiten als auch fetten und mageren Haushaltszeiten an, denn sein Teig nimmt gern auf, was gerade verfügbar ist: nur ein paar Kräutlein oder Blattgemüse, aber auch Schlachtblut, Käse oder Speck.

Turtres

Für 6 Personen

TEIG

500 g Mehl
1 Ei
⅛ l Milch
1 EL Butter
15 g Salz

FÜLLUNG

150 g Spinat, blanchiert
1 EL Öl oder Butter
½ Zwiebel, in feine Würfel geschnitten
Salz
Pfeffer aus der Mühle
150 g Topfen

WEITERES

Öl

Teig: Mehl, Ei, Milch, Butter und Salz in einer Schüssel gut verrühren und anschließend auf einer Arbeitsfläche zu einem geschmeidigen Teig verkneten.

Füllung: Blanchierten Spinat fein hacken, Öl erhitzen und Spinat darin mit Zwiebelwürfeln anschwitzen. Mit Salz und Pfeffer würzen. In eine Schüssel geben und gut mit dem Topfen vermischen.

Fertigstellung: Teig dritteln. Jedes Drittel zu einer dünnen Rolle formen und walnussgroße Stücke abschneiden. Jedes Stück mit dem Nudelholz zu einem dünnen Kreis (ungefähr 15 cm Ø) ausrollen. Auf die Hälfte der Kreise 1 Esslöffel Spinatfüllung geben, leicht verstreichen (aber nicht ganz bis zum Rand). Einen zweiten Kreis darauflegen und die Ränder fest andrücken. Im heißen Öl schwimmend auf beiden Seiten goldbraun backen. Herausnehmen und auf Küchenpapier abtropfen lassen.

Erdäpfelblattln mit Sauerkraut

Für 6 Personen

ERDÄPFELBLATTLN

1 kg Kartoffeln
1 EL Butter
1 Ei
500 g Mehl
Salz
Öl

SAUERKRAUT

½ kg frisches Sauerkraut
⅛ l Wasser
1 Lorbeerblatt
1 TL Kümmel
Salz
Pfeffer aus der Mühle
1 EL Butter
1–2 TL Mehl

Erdäpfelblattln: Kartoffeln mit Schale kochen, schälen und durch die Kartoffelpresse drücken. Butter, Ei und nach und nach das Mehl einrühren, mit Salz würzen. Alles gut zu einem Teig verkneten. Teig auf einer bemehlten Arbeitsfläche ungefähr 0,5 cm dick ausrollen. Mit dem Teigrad Rechtecke abradeln. Öl erhitzen. Erdäpfelblattln darin schwimmend auf beiden Seiten goldbraun ausbacken. Herausnehmen und auf Küchenpapier abtropfen lassen.
Sauerkraut: Sauerkraut waschen und gut ausdrücken. Mit Wasser, Lorbeerblatt und Kümmel in einen Topf geben, mit Salz und Pfeffer würzen und weich kochen. Butter in einer Pfanne zerlassen, Mehl einrühren und erhitzen. Mehlschwitze anschließend zum Sauerkraut geben, damit es leicht bindet.
Fertigstellung: Erdäpfelblattln zusammen mit Sauerkraut auf Tellern oder einer Servierplatte anrichten.

Tipp

Sie können die Erdäpfelblattln auch als Vorspeise oder Beilage zu Suppen servieren. Dann reicht die angegebene Menge für 8 Personen.

Apfelstrudel

Für 6 Personen

TEIG

100 g Mehl
100 g Topfen
80 g Butter
1 Prise Salz

FÜLLUNG

3 Äpfel (z. B. Golden Delicious)
1 EL Butter
3 EL Semmelbrösel
3 EL Zucker
2 EL Sultaninen
1 TL Zimt
1 EL Rum
1 unbehandelte Zitrone, Schale abgerieben
1 EL Pignoli

Teig: Mehl, Topfen, Butter und Salz zu einem Teig verkneten.
Füllung: Äpfel schälen, entkernen und in dünne Scheiben schneiden. Butter in einer Pfanne schmelzen lassen, 2 Esslöffel Semmelbrösel darin kurz anrösten. Äpfel und Zucker dazugeben und alles so lange unter Rühren rösten, bis die Semmelbrösel die Flüssigkeit aufgesaugt haben. Vom Herd nehmen und Sultaninen, Zimt, Rum, Zitronenschale und Pignoli untermischen.
Fertigstellung: Teig dünn ausrollen, in die Mitte 1 Esslöffel Semmelbrösel streuen und Füllung darauf verteilen. Die Teigränder zur Mitte hin umklappen und den Teig vorsichtig aufrollen. Im vorheizten Backrohr bei 180 °C rund 15 Minuten backen.

Tipp

Im Winter kann der Teig sofort verarbeitet werden, im Sommer sollte er ungefähr 30 Minuten im Kühlschrank ruhen.

Eggerhöfe / *Marlies Leitgeb*

Schlutzkrapfen von den Skiprofis

Marlies und Christian Leitgeb bringen mit Pusterer Käse und Kost frischen Wind ins uralte Gemäuer der Eggerhöfe in Antholz Mittertal

Das Ehepaar führt ein Doppelleben. Im Winter ist Christian Langlauflehrer im Antholzer Tal, jenem Seitenarm des Pustertals, der bekannt ist für seine Weltcup-Loipen, für die Rieserferner Gipfel Hochgall und Wildgall und für den smaragdfarbenen Antholzer See. Marlies pendelt aus ins Ahrntal. Dort ist sie Kinderskilehrerin im Skigebiet Speikboden. Das Söhnchen und das Töchterchen sind – noch – mit dabei im Flohzirkus auf Brettern. Die vier Ferienwohnungen im modernen Holz-Chalet neben dem restaurierten Vogthof des Klosters Sonnenburg aus dem 12. Jahrhundert sind ganzjährig zu mieten. Der Hofschank öffnet erst nach der Skisaison Anfang Mai. Dann nimmt Christian auch die Graukäse-Produktion auf, die nur in der Weidesaison möglich ist. Bevor er mit Marlies seine Familie gegründet hat, war er elf Sommer lang Almer auf der Grentenalm. Dort hat er das Käsen nach der überlieferten Methode gelernt. Marlies hingegen hat sich die Zubereitung der Pustertaler Spezialitäten neu aneignen müssen, als sie und ihr Mann den Hof kauften, restaurierten und erweiterten – mit dem Neubau für die Ferienwohnungen, mit einem professionellen Käsekeller und mit einer komfortablen Küche für den Hofschank. „Ich habe Südtiroler Kochbücher zu Rate gezogen, mir von Freundinnen Tipps geholt. Unverzichtbar ist die Oma – sie ist unsere Schlutzkrapfen-Expertin", beschreibt Marlies ihren Einstieg als Schankwirtin. Die zeitintensive Herstellung der „Schlutzer" (wie die Pustertaler sagen) orchestriert grundsätzlich Christians Mutter Theresia Leitgeb.

Die Schlutzkrapfen sind die Leibspeise der meisten Pustertaler. Lokalpatrioten sind stolz und skeptisch, dass ihr Talgericht auch in den Küchen des Eisack- oder Etschtals einen Siegeszug angetreten hat. Die „echten" Schlutzkrapfen-Köchinnen achten eifersüchtig auf Individualität. Die einen haben eine geheime Mehlmischung. Die anderen treiben mit dem Nudelholz unglaublich geschwind jedes Teigblättchen einzeln aus und verachten alle, die einen Ausstecher oder gar die Nudelmaschine zu Hilfe nehmen. Die Eggerhöfe sind stolz auf ihre „Schlutzer" mit Christians Graukäse – er ergänzt den Topfen für die Füllung und ersetzt den geriebenen Parmesan zum Darüberstreuen. Der Bauernkäse, in verschiedenen Reifegraden einsetzbar, ist Hauptdarsteller im Hofschank. Er kommt in die Pressknödel und in die Kasnocken. Er würzt die Spinatknödel. In erster Linie aber schmeckt er pur, nur mit Schnittlauch oder hauchfeinen Zwiebelringen bestreut. Manche Pusterer ziehen einen feinen Faden Öl darüber und spritzen etwas Essig darauf. Aber das ist Ansichts-, pardon, Geschmackssache.

Kaspressknödel

Für 4 Personen

ZUTATEN

- 30 g Zwiebeln, in feine Würfel geschnitten
- 20 g Butter
- 100 g reifer, würziger Graukäse
- 150 g Knödelbrot
- 2 Eier
- 100 ml Milch
- 2 EL Schnittlauch, fein geschnitten
- Pfeffer aus der Mühle
- Salz
- 1 EL Mehl
- Öl

ZUM ANRICHTEN

- 20 g junger, weißer Graukäse, zerbröselt
- 2 EL Schnittlauch, fein geschnitten
- 30 g Butter

Zubereitung: Zwiebeln in Butter anschwitzen. Graukäse in kleine Würfel schneiden und zu den Zwiebeln geben, damit er schmilzt. Alles zum Knödelbrot geben. Eier mit Milch und Schnittlauch verrühren, über das Knödelbrot gießen. Mit Salz und Pfeffer würzen und kräftig vermischen. Mehl dazugeben und die Masse so lange kneten, bis ein geschmeidiger Teig entsteht, der nicht auseinanderfällt, 1 Stunde ruhen lassen. Mit nassen Händen Knödel formen und flach drücken. Öl in einer Pfanne erhitzen und die Laibchen darin goldbraun braten, anschließend in reichlich Salzwasser ungefähr 10 Minuten ziehen lassen.

Fertigstellung: Pressknödel auf einer Servierplatte anrichten, mit zerbröseltem Graukäse und Schnittlauch bestreuen und mit zerlassener Butter beträufeln.

Tipp

Als Beilage zu Kaspressknödeln eignen sich verschiedene Blattsalate oder ein Speck-Kraut-Salat (siehe Seite 115). Man kann Kaspressknödel aber auch als Einlage in einer Rindsuppe servieren.

Alles Graukäse

Er schmeckt kräftig, leicht säuerlich, mit zunehmender Reife fast scharf. Die Heimat des Graukäses sind die Pustertaler Almen, wo einst im Sommer die Kuhmilch zum Buttermachen entrahmt und die übrige Magermilch zu Graukäse verarbeitet wurde. Noch heute entsteht der perfekte Graukäse nur während der Weidesaison. Er hat lediglich zwei Prozent Fett, ist daher ideal für die Diätküche. Klassisch wird der Südtiroler Magerkäse mit Essig, Öl, Zwiebeln und Pfeffer angerichtet. Er würzt aber auch andere Gerichte: Kasnocken, Kaspressknödel oder Schlutzkrapfen.

Schlutzkrapfen mit Graukäse

Für 4 Personen

TEIG

150 g Roggenmehl
100 g Weizenvollkornmehl
½ TL Salz
1 Ei
1 TL Öl
50–60 ml lauwarmes Wasser

FÜLLUNG

150 g Spinat, blanchiert
50 g Zwiebeln, in feine Würfel geschnitten
½ Knoblauchzehe, fein geschnitten
1 EL Butter
100 g Topfen
1 EL junger, weißer Graukäse, zerbröselt
1 EL Schnittlauch, fein geschnitten
1 Msp. Muskat
Pfeffer aus der Mühle
Salz

ZUM ANRICHTEN

2 EL junger, weißer Graukäse, zerbröselt
2 EL Schnittlauch, fein geschnitten
40 g Butter, zerlassen

Teig: Beide Mehlsorten miteinander vermischen, Salz zufügen und das Mehl kranzförmig auf ein Nudelbrett geben. Ei mit Öl und lauwarmem Wasser verquirlen, in die Mitte des Mehlkranzes gießen. Mit einer Gabel vom Innenrand der Mulde her Mehl unterrühren. Immer mehr Mehl vom Rand zur Mitte rühren, bis ein dickflüssiger Teig entsteht. Nun mit den Händen das restliche Mehl von außen nach innen über den Teig verteilen und unter den Teig drücken. Wenn der Teig das Mehl nicht vollständig aufnimmt, dann noch etwas Wasser zufügen. So lange kneten, bis ein geschmeidiger, glatter Teig entsteht. Teig zudecken und 20 Minuten ruhen lassen.
Füllung: Den blanchierten Spinat ausdrücken und fein hacken. Zwiebeln und Knoblauch in Butter anschwitzen. Zum Spinat geben und alles auskühlen lassen. Topfen auspressen, zusammen mit Graukäse und Schnittlauch unter den Spinat rühren und mit Muskat, Salz und Pfeffer abschmecken.
Fertigstellung: Teig mit der Nudelmaschine dünn austreiben und mit einem Ausstecher Kreise (ungefähr 6 cm Ø) ausstechen. Auf die obere Hälfte eines jeden Kreises mit einem Teelöffel oder Spritzbeutel etwas Füllung setzen, den unteren Teil darüberklappen, sodass ein Halbmond entsteht. Teigränder gut mit den Fingern zusammendrücken. Schlutzkrapfen in reichlich kochendem Salzwasser 3–4 Minuten sieden. Mit der Schöpfkelle aus dem Wasser nehmen und auf einer Servierplatte oder auf Tellern anrichten. Mit zerbröseltem Graukäse und Schnittlauch bestreuen und mit zerlassener Butter beträufeln.

Tipps

Ersetzen Sie im Frühjahr einen Teil des Spinats für die Füllung ruhig einmal durch junge Brennnesseln.
Sie können den Topfen auch ganz leicht selbst herstellen. Kochen Sie dazu 2 Liter Milch auf und rühren langsam ¼ Liter Buttermilch (ein paar Tage alt) ein. Sollte sich der Topfen nicht von der Milch trennen, dann geben Sie einfach 1 Esslöffel Essig dazu. Durch ein Küchentuch gießen und Topfen gut abtropfen lassen.

Schwarzplent-Torte

Für 12 Stück

ZUTATEN

250 g Butter
250 g Staubzucker
1 Pkg. Vanillezucker
6 Eier
250 g Nüsse, gemahlen
250 g Schwarzplent-Mehl
2 EL Stärkemehl
1 Pkg. Backpulver
2 EL Kakao
2 Äpfel, gerieben
Preiselbeermarmelade

Zubereitung: Butter mit dem Handmixer cremig rühren. Abwechselnd Staubzucker, Vanillezucker und Eier zufügen, bis eine sehr feine Masse entsteht. Nüsse, Schwarzplent-Mehl, Stärkemehl, Backpulver und Kakao mischen und unter die Masse heben. Zum Schluss die geriebenen Äpfel zufügen. Den Teig in eine runde Form (28 cm Ø) füllen und im vorgeheizten Backrohr bei 180 °C ungefähr 1 Stunde backen. Torte auskühlen lassen und anschließend mit Preiselbeermarmelade bestreichen.

Tipp

Man kann den Kakao auch durch die gleiche Menge geriebene Kochschokolade ersetzen.

Mohnkuchen mit Äpfeln

Für 12 Stück

ZUTATEN

5 Eier
200 g Staubzucker
1 Pkg. Vanillezucker
150 g Mandeln oder Haselnüsse, gemahlen
150 g Mohn, gemahlen
1 TL Backpulver
1 Msp. Zimt
1 Zitrone, Saft
1 EL Rum
3 rote Äpfel (z. B. Jonared), geraspelt

ZUM ANRICHTEN

Staubzucker

Zubereitung: Eier trennen, Eigelb mit ⅔ des Staubzuckers und Vanillezucker schaumig rühren. Eiweiß mit dem restlichen Zucker sehr steif schlagen. Mandeln, Mohn, Backpulver, Zimt, Zitronensaft und Rum mit den grob geraspelten Äpfeln mischen. Zusammen mit dem Eischnee vorsichtig unter die Eiermasse heben. Teig in eine Tortenform (26 cm Ø) füllen und im vorgeheizten Backofen bei 160 °C ungefähr 1 Stunde backen. Torte auskühlen lassen und mit Staubzucker bestreuen.

Hosnearln mit Marillenmarmelade

Für 4 Personen

ZUTATEN
250 g Mehl
50 g Butter
1 Eigelb
125 ml Sahne
1 EL Grappa
1 Prise Zucker
1 Prise Salz
125 g Marillenmarmelade
Öl

ZUM ANRICHTEN
Staubzucker

Zubereitung: Mehl, Butter, Eigelb, Sahne, Grappa, Zucker und Salz zu einem Teig verkneten. Zugedeckt 30 Minuten ruhen lassen. Teig mit der Nudelmaschine dünn ausrollen und in rechteckige Blätter schneiden (ungefähr 10 x 8 cm). Mit einem Teelöffel ein Häufchen Marillenmarmelade auf ein Teigblatt setzen und mit einem zweiten Teigblatt bedecken. Teigränder fest andrücken, mit dem Krapfenrad die Ränder abschneiden. Hosnearln schwimmend im heißen Öl auf beiden Seiten goldgelb backen. Herausnehmen und auf Küchenpapier abtropfen lassen.
Mit Staubzucker bestreuen und servieren.

Breatln

Für 4 Stück

ZUTATEN

1 kg Roggenmehl
125 g Weizenmehl
25 g Germ
1 EL Kümmel
1 EL Fenchelsamen
1 EL Koriander
1 EL Zigainerkraut (Brotklee), gemahlen (aus dem Bioladen)
1½ EL Salz
800 ml lauwarmes Wasser

Zubereitung: Beide Mehlsorten miteinander vermengen. Germ mit etwas Mehl und etwas Wasser mischen, sodass ein Dampfl entsteht, ungefähr 1 Stunde gehen lassen. Restliches Mehl, Kümmel, Fenchelsamen, Koriander, Zigainerkraut und Salz dazugeben und alles zu einem nicht zu weichen Teig verkneten. Das Wasser nur nach und nach zufügen, und zwar so lange, bis der Teig die richtige Konsistenz hat, 1 Stunde gehen lassen. Anschließend Teig noch einmal durchkneten und runde, eher flache Brotlaibe formen. Auf ein Backblech setzen und noch einmal gut 30 Minuten gehen lassen. Im vorgeheizten Backrohr bei 220 °C ungefähr 30 Minuten backen.

Tipps

Sie können das Weizenmehl auch durch Vollkornweizenmehl ersetzen. Achten Sie darauf, dass das Wasser nicht zu kalt oder zu warm ist, sonst sterben die Hefebakterien ab und der Teig geht nicht auf.

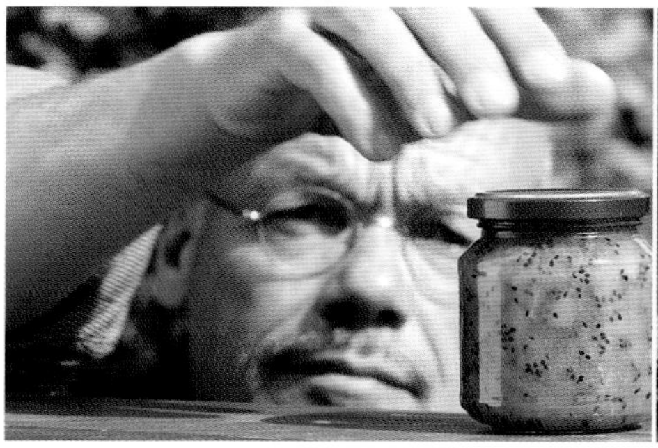

/ Workshop

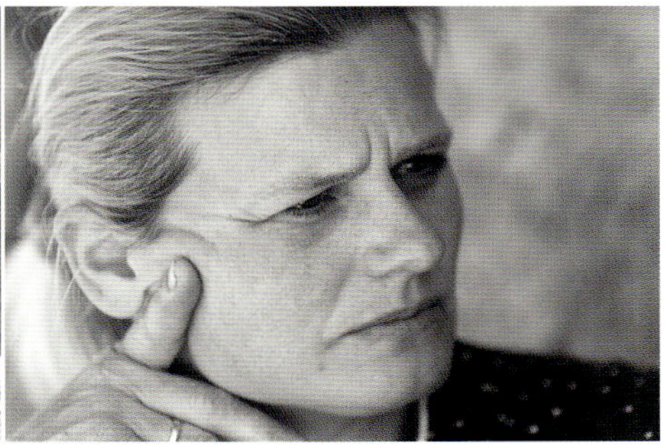

Hofeigene Produkte selbst
Eingelegtes Obst und Gemüse,
Kirschen, Marillen, Pfirsichen, Kiwi, Zwetschgen,
Erdbeeren und Feigen, Sirup von
Fruchtsäfte und noch einiges
chenkskörbe auf Bestellung

/ Glossar

Apfelkiechl: in Teig ausgebackene Apfelscheiben
Breatln: Bauernbrot
Dampfl: Vorteig für Hefeteig
Erdäpfel: Kartoffeln
Erdäpfelblattln: Gebackenes aus Kartoffelteig
Faschieren: Fleisch durch den Fleischwolf drehen
Germ: Hefe
Graukäse: Sauermilchkäse, der ohne Zusatz von Lab gewonnen wird; 2 % Fett i. Tr.
Gröstl: geröstete Kartoffeln, meist mit Fleisch, Bauernfrühstück
Hammen: Schweineschlegel, die zur Speckherstellung verwendet werden.
Holler: Holunder
Hollerbeeren: Holunderbeeren
Hollermulla: marmeladenartiges Holunderkompott
Hosnearln: mit Marmelade gefüllte Krapfen
Kiechl: kreisförmiges Hefegebäck mit einer Vertiefung in der Mitte, wird nach dem Backen mit Marmelade gefüllt.
Kloazn: getrocknete Birnen
Knödel: Faustgroße gekochte Klöße, deren Hauptbestandteile Semmeln, Speck, Eier, Milch und Mehl sind; statt Speck werden auch oft Käse, Spinat oder Pilze beigemengt.
Knödelbrot: zwei Tage altes Weißbrot, in Würfel geschnitten
Krapfen: Je nach Gegend rundes, rauten- oder halbmondförmiges Teiggebäck, das schwimmend in Fett ausgebacken wird und mit Mohn, Nüssen oder Marmelade gefüllt sein kann.
Kraut: Weißkohl, Weißkraut
Kren: Meerrettich
Lauch: Porree
Marillen: Aprikosen
Muas: Früher das Alltagsgericht der armen Leute; es wird aus Weizenmehl, aber auch aus Maismehl und Schwarzplent-Mehl gekocht.
Niggilan: In Öl ausgebackene kleine Krapfen aus Hefeteig, die in eine Mohn-Honig-Soße oder auch in Glühwein getaucht werden.
Nusseler: Nussschnaps; dafür werden grüne Walnüsse in Alkohol eingelegt.
Obstler: Obstbrand
Ochsenaugen: in Öl ausgebackenes und mit Kastanien gefülltes Gebäck
Omeletten: dünne Eierpfannkuchen, Palatschinken
Palabirne: autochthone Birnensorte aus dem Vinschgau
Peperoncino: kleine, scharfe Chilischote
Pignoli: Pinienkerne
Polenta/Plent: Maisbrei; wird als Beilage zu Gulasch, Braten oder Pilzen gereicht, aber auch gegrillt mit Gemüse und Käse gegessen.
Pressknödel: flach gedrückter Knödel aus Weißbrot, Graukäse, Milch und Eiern, erst gebraten, dann in Salzwasser gekocht
Ribisl: Johannisbeeren
Rindsuppe: Rinderbrühe
Rohnen: Rote Bete
Rucola: Rauke
Schlutzkrapfen: halbmondförmige Nudelteigtaschen mit Spinat-Topfen-Füllung
Schneemilch: Nachspeise aus dem Vinschgau
Schöberl: würfelig geschnittene Suppeneinlage aus gebackener Eiermasse
Schwarzbeeren: Heidelbeeren
Schwarzplent-Mehl: Buchweizenmehl
Schwarzplent-Torte: Buchweizentorte
Semmel: Weizenbrötchen
Semmelbrösel: geriebenes Weißbrot
Selchen: räuchern
Selchkuchl: Räucherkammer
Staubzucker: Puderzucker
Staudensellerie: Stangensellerie, Bleichsellerie
Stocktirtlan: Pustertaler Spezialität aus übereinandergeschichteten Tirtlan mit süßer Füllung; werden mit zerlassener Butter und Mohn angerichtet.
Strauben: Traditionelles bäuerliches Gebäck, bei dem der flüssige Teig durch einen Trichter ins heiße Öl läuft und dort ausgebacken wird.
Suren: pökeln
Tirtlan: mit Sauerkraut, Topfen, Spinat oder süß gefüllte und in Öl ausgebackene runde Teigtaschen
Topfen: Quark
Treber: Treberbrand, Grappa
Tschotteplattln: Hefeteigkrapfen mit Topfenfüllung
Turtres: ladinische Bezeichnung der Tirtlan
Vinschgerlen: Fladenbrötchen (2–3 cm dick) aus einem Roggen-Weizen-Sauerteig und Hefe, stammen ursprünglich aus dem Vinschgau.
Vinschger Paarl: Vinschgerlen, die paarweise zusammenhängend gebacken werden.
Weißbrotwecken: längliches Weizenbrot
Woazn: Weizen
Zigainerkraut: Schabzigerklee (*Trigonella caerulea*), auch Brotklee genannt, ist ein typisches Südtiroler Brotgewürz; es wird für Vinschgerlen verwendet und ist getrocknet im Bioladen erhältlich.
Zelten: Früchtebrot, das bei den Südtiroler Bauern traditionell vor Weihnachten zubereitet wurde.
Zwetschgen: Pflaumen

/ Register A-K

/ Register L-Z

/ Die Bauernhöfe

Englhorn 1065 m
Am Herd: Sonja Sagmeister
Schleis 8
39024 Mals
Tel.: +39 0473 835 393
Fax: +39 0473 843 954
E-Mail: info@englhorn.com
Internet: www.englhorn.com
Verkauf ab Hof: Käse und Almbutter (nach Vereinbarung, außer Samstagnachmittag und Sonntag)
Kochkurse auf Anfrage
GPS: 46.692849, 10.521662

Niederstein 900 m
Am Herd: Anna Moosmair
Schlattach 6
39015 St. Leonhard in Passeier
Mobil: +39 335 1050161
Tel. und Fax: +39 0473 656 500
E-Mail: info@bergwiesenheu.com
Verkauf ab Hof: Bergwiesenheu (lose oder verpackt), Heukissen, Heumatten
Zimmervermietung von April bis Ende Oktober: 3 Zimmer mit Frühstück
GPS: 46.821574, 11.228746

Gasser 580 m
Am Herd: Waltraud Pixner
Kuenser Straße 34
39010 Kuens
Tel. +39 0473 241098
Fax: +39 0473 240830
E-Mail: urlaub@gasserhof-kuens.com
Internet: www.gasserhof-kuens.com
Verkauf ab Hof: eingelegtes Obst und Gemüse, Fruchtaufstriche, Fruchtsäfte und -sirup sowie Geschenkkörbe (auf Vorbestellung)
Zimmervermietung: 4 Ferienwohnungen für 2–6 Personen
GPS: 46.698376, 11.172055

Falschauer 1350 m
Am Herd: Elisabeth Schweigl
St. Gertraud 14
39016 Ulten
Tel.: +39 0473 790 191
Mobil: +39 349 067 49 75
Hofschank: geöffnet von Februar bis Dezember (nur auf Vorbestellung), Mittwoch und Donnerstag Ruhetag
GPS: 46.494397, 10.896581

Lexn 650 m
Am Herd: Margit Kofler Biasi
Glener Weg 24
39040 Montan
Tel. und Fax: +39 0471 960 563
Mobil: +39 349 637 97 11
E-Mail: lexsee@virgilio.it
Hofschank: ganzjährig geöffnet (nur auf Vorbestellung), Mittwoch und Donnerstag Ruhetag
Zimmervermietung: 2 Ferienwohnungen für 2–4 Personen
GPS: 46.31252, 11.30461

Kinig 970 m
Am Herd: Benedikta Zwerger Pechlaner
Signat 187
39054 Ritten
Tel. und Fax: +39 0471 365047
E-Mail: hof_kinig@libero.it
Hofschank: geöffnet von März bis Mai und von September bis November, mittags und abends, Mittwoch Ruhetag; Spezialitätenmenüs auf Vorbestellung
Verkauf ab Hof: Apfelsaft
GPS: 46.516417, 11.406963

Röck 600 m
Am Herd: Frieda Augschöll
St. Valentin 22
39040 Villanders
Tel. und Fax: +39 0472 847130
E-Mail: roeck@rolmail.net
Hofschank: geöffnet von Ende September bis 10. Dezember, Donnerstag bis Sonntag; vom 10. Januar bis einschließlich Ostern, täglich, außer Sonntag (Vorbestellung erwünscht)
Verkauf ab Hof: Eigenbauweine (Weiß- und Rotweine) und Obstbrände (Latscheler, Nusseler, Zwetschgeler, Marille, Schwarzbeer, Treber)
GPS: 46.636720, 11.553416

Sotciastel 1400 m
Am Herd: Erica Clement Pitscheider
Sotciastel 5
39030 Abtei
Mobil: +39 338 76 40 188
E-Mail: sotciastel@rolmail.net
Hofschank: ganzjährig geöffnet, abends (nur auf Vorbestellung), Sonntag Ruhetag
Kochkurse für 4–12 Personen auf Anfrage (10.30–13 Uhr)
Zimmervermietung: 1 Ferienwohnung für 6 Personen
GPS: 46.622296, 11.895189

Eggerhöfe 1352 m
Am Herd: Marlies Leitgeb
Eggerhöfe 42, Antholz Mittertal
39030 Rasen-Antholz
Tel.: +39 0474 49 30 30
E-Mail: info@eggerhoefe.it
Internet: www.eggerhoefe.it
Hofschank: geöffnet von Anfang Mai bis Anfang November (Vorbestellung erwünscht), Montag Ruhetag (im Juli und August kein Ruhetag)
Zimmervermietung: 4 Ferienwohnungen für 2–6 Personen
GPS: 46.866386, 12.101135